Le Siècle de Lévi-Strauss

Le Siècle de Lévi-Strauss

Avant-propos de Jean-Daniel

Saint-Simon

CNRS ÉDITIONS

15, rue Malebranche - 75005 Paris

Un ouvrage publié en collaboration avec France Roque
et les éditions Saint-Simon

ISBN : 978-2-271-06751-7

AVANT-PROPOS

Comprendre l'autre

par

Jean DANIEL

Pourquoi Lévi-Strauss ? Sans tomber dans la dévotion aveugle, on peut constater le sort réservé à ce penseur du siècle. Il est respecté, idolâtré et déjà statufié dans toutes les institutions culturelles de la République. Que lui prête-t-on ? Un chef-d'œuvre littéraire, *Tristes Tropiques* (1955), qui a failli avoir le prix Goncourt tant la magie de l'écriture faisait oublier que ce n'est pas un ouvrage de fiction. Un livre qui commence par une phrase aussi célèbre que le début des romans de Proust ou de Camus : « Je hais les voyages et les explorateurs. » On sait qu'il fut professeur au Collège de France, qu'il est académicien et que ce grand savant a étudié de près, sur le terrain, les mœurs des civilisations appelées autrefois « primitives ». On retient un titre : *La Pensée sauvage* (1962), qui a servi de fil conducteur à ce numéro.

Pour la société intellectuelle, il est l'homme qui a trouvé dans Montaigne, Rousseau, Bergson et Mauss les bases du concept d'anthropologie structurale, que certains disciples peuvent aujourd'hui juger moins opérationnel, mais qui a renouvelé en profondeur l'anthropologie française. Lévi-Strauss est un maître tout à la fois dépassé et irremplacé. La réfutation de ses thèses est toujours accompagnée d'une reconnaissance de dette. Au cœur des urgences les plus stimulantes, sa pensée demeure une référence. Mieux que les autres, probablement, il a conceptualisé l'altérité, la différence, la comparaison, l'accouchement du moi par l'autre.

Car on peut comprendre l'autre. Le différent n'est pas l'étranger radical. On peut découvrir chez lui un « inconscient structural » guère éloigné du nôtre. La pensée sauvage n'est pas la pensée des sauvages, mais une pensée non encore domestiquée. D'où un parfum de nostalgie pour le « bon sauvage » cher à Rousseau. Tournant le dos à toute une tradition, il a donné à comprendre les mécanismes de la pensée rationnelle dans la mentalité des ex-primitifs. C'était une révolution qui devait avoir des conséquences dans l'histoire des idées et dans la science des mœurs autant que dans la pensée politique.

Lévi-Strauss est frappé par un passage des *Essais* dans lequel Montaigne décrit les sauvages de la côte du Brésil qui mangent leurs ennemis. Montaigne les juge supérieurs à certains fanatiques des guerres de Religion qui tuent et découpent les cadavres, non pour les manger, mais pour les jeter en pâture à des cochons. Exceptionnelle modernité de Montaigne. Si chaque homme porte en lui la substance de l'humaine condition, il n'y a pas plus de hiérarchie possible entre les êtres qu'entre les peuples.

Tout est sorti du « Que sais-je ? » de Montaigne. Mais tout va arriver au « Qui suis-je ? » de Rousseau. Claude Lévi-Strauss va rendre partout hommage à Jean-Jacques Rousseau, « fondateur des sciences de l'homme ». Il ne cesse de citer le Discours sur l'origine et les fondements de l'inégalité parmi les hommes. « J'ai une violente aversion, écrit Rousseau dans la IVe Lettre à M. le président de Malesherbes, pour les États qui dominent les autres. Je hais les Grands, je hais leur État. » Et Claude Lévi-Strauss demande si cette déclaration ne s'applique pas d'abord à l'homme : « Tu as prétendu dominer les autres êtres et jouir d'un état séparé, laissant ainsi le champ libre aux moins dignes des hommes pour se prévaloir du même avantage à l'encontre d'autres hommes. [...] Dans une société policée, il ne saurait y avoir d'excuse pour le seul crime vraiment inexpiable de l'homme qui consiste à se croire durablement ou temporairement supérieur et à traiter des hommes comme des objets : que ce soit au nom de la race, de la culture, de la conquête, de la mission ou simplement de l'expédient. » On n'a jamais instruit contre le colonialisme un procès plus définitivement implacable que ne le fait Lévi-Strauss en s'appuyant sur Montaigne et sur Rousseau.

On va voir dans ce recueil de textes que la richesse de la pensée de Lévi-Strauss est loin de s'épuiser dans la méditation sur la différence. J'avoue qu'ayant eu professionnellement à traiter des soubresauts, des convulsions et des tremblements du colonialisme comme des luttes émancipatrices des colonisés, je me suis souvent inspiré de Lévi-Strauss avec gratitude.

Le lecteur découvrira comment la globalisation, d'une part, et le désordre des flux migratoires, de l'autre, ont bouleversé les études anthropologiques, qui réclamaient en d'autres temps – et refusent aujourd'hui – une immobilité et même une essentialisation de leur objet. Claude Lévi-Strauss en a été conscient très tôt, et dans ses derniers essais a infléchi son regard à cette lumière, faute de pouvoir corriger son œuvre initiale. Mais sur la nécessaire diversité des cultures, la mission de les protéger, le caractère éventuellement meurtrier du progrès et sur l'affrontement des civilisations ; sur l'idée que les victimes peuvent devenir des bourreaux, et les colonisés des colonisateurs, sur le constat que des peuples émancipés peuvent opprimer leurs minorités, Lévi-Strauss a fait preuve d'une audace et d'une indépendance d'esprit exemplaires. Dès que les civilisations, d'abord agressées dans leurs cultures par la modernité, passent de l'émancipation à l'expansion, alors elles peuvent devenir aussi dangereusement racistes que les autres.

L'histoire des idées se dégrade souvent, en France, en chronique des modes. Il y a eu une mode structuraliste, école dont Claude Lévi-Strauss, Michel Foucault, Roland Barthes et Jacques Lacan étaient censés faire partie. Jamais Lévi-Strauss ne s'est senti à l'aise dans une telle classification. Il a protesté que les noms des seuls structuralistes auxquels il accepterait que l'on associe le sien seraient ceux de Georges Dumézil et d'Emile Benveniste. Reste que le grand livre a pour titre *Les Structures élémentaires de la parenté* (1949) et on le commente aujourd'hui encore. L'idée centrale, pour la réduire sommairement, repose non sur une certitude mais sur une intuition ; celle que des structures inconscientes régissent jusqu'au moindre détail le fonctionnement des sociétés et même des cultures.

S'agit-il d'une tentative éblouissante mais non illuminante pour proposer une explication globale de la vie des hommes en société ? On peut le dire dans la mesure où, comme on l'a vu, Lévi-Strauss est allé jusqu'à la conviction qu'un certain rationalisme cartésien difficile à chercher, à trouver et à déchiffrer demeure commun à tous les peuples et qu'il explique leurs comportements et leurs institutions. C'est cette conviction et la façon dont elle est défendue qui susciteront les discussions les plus passionnées et les critiques les plus impatientes. Mais on est encore peu convaincu du bien-fondé des réfutations lorsque certains chercheurs prétendent découvrir une différence radicale entre les sociétés qui se servent de l'écriture et les autres, comme si l'invention de l'écriture avait transformé en sauvages impénétrables tous ceux qui n'y avaient pas eu accès.

Pour conclure cette présentation hâtive, je voudrais dire que ce qui peut attacher chez le penseur Lévi-Strauss, ce n'est pas seulement sa pensée mais sa prodigieuse sensibilité. Qu'il s'agisse de l'art, des paysages, des lectures, de son aptitude à exprimer un « ébranlement admiratif » devant des œuvres, alors on est face à une sorte de maîtrise digne des grands classiques. Rien n'est plus émouvant, par exemple, que le passage où Lévi-Strauss décrit son émotion en lisant l'essai de son maître Marcel Mauss sur le don. Il y a là un transport racinien et comme un émerveillement amoureux. Comment un texte philosophique peut-il susciter ce que Rousseau ne cherchait que dans la nature ?

Là, il faut revenir par où nous avons commencé, c'est-à-dire à *Tristes Tropiques*. Avide de comprendre la nature d'une vérité qui « transparaît déjà dans le soin qu'elle met à se dérober », le promeneur décèle dans une sorte d'extase les fêlures de plusieurs millénaires : « Je me sens baigné par une intelligibilité plus dense au sein de laquelle les siècles et les lieux se répondent et parlent des langages enfin réconciliés. » Il faudrait aussi parler des pages exceptionnelles sur la musique, à laquelle Claude Lévi-Strauss accorde une importance ethnologique aussi grande qu'à la cuisine. Décidément, tout était déjà contenu dans *Tristes Tropiques*.

Une des dernières fois que j'ai vu Claude Lévi-Strauss, il m'a cité Rousseau, encore lui, qui disait qu'avec le temps les idées deviennent des sensations. Les siennes étaient pessimistes sur un monde voué à une lente et sûre autodestruction. Mais il lisait Ronsard, le comparait à Mallarmé et au moment où l'âge lui inspire le détachement de toutes les vanités, il se sentait comme inspiré par une raison « cosmique et non mystique » de survivre.

J. D.

LA RÉVOLUTION LÉVI-STRAUSS

La méthode structuraliste

par

Patrice MANIGLIER

Il est loin le temps où l'entraîneur de l'équipe de France de football espérait rassurer les supporters en leur promettant une « réorganisation structuraliste » des joueurs. Michel Foucault, avec *Les Mots et les choses* en 1966, venait de faire du structuralisme la nouvelle philosophie parisienne qui devait éclipser l'existentialisme : elle affirmait que le sujet ne donne pas du sens à l'univers dans l'angoisse de sa liberté, mais qu'il se contente de réaliser des possibilités inscrites d'avance dans des codes aussi inconscients que le sont les règles de grammaire. Althusser professait à l'École normale supérieure que Marx était structuraliste, Lacan y réinventait la psychanalyse, Barthes montrait que la mode vestimentaire obéit à un système, bref, le structuralisme offrait à une époque mieux que des résultats théoriques : une vision de l'homme et du monde avec laquelle elle se sentait en affinité.

Pourtant, son principal instigateur ne voyait pas ce succès public d'un bon œil : Claude Lévi-Strauss, dont la publication en 1949 des *Structures élémentaires de la parenté* peut être tenue pour la date de naissance du structuralisme, considérait en effet cette théorie avant tout comme une méthode pour les sciences humaines. L'avenir sembla lui donner raison : le structuralisme, telles les vieilles étoiles qui s'effondrent sur elles-mêmes, fut aussi contesté après Mai-68 qu'il avait été adulé avant. On lui reprochait de nier la dimension politique des faits humains, de méconnaître l'histoire et, finalement, de désespérer Billancourt... Alors, méthode prometteuse ou éphémère idéologie ?

Le mot lui-même a été inventé par le linguiste Roman Jakobson dans un article de 1929. Il désigne alors une « tendance de la science russe », opposée à la science occidentale atomiste, mécaniste – c'est-à-dire aveugle à l'importance de la finalité – et réductionniste, donc incapable de montrer que les faits culturels obéissent à des lois qui leur sont propres, et pas seulement à des causalités physiques ou biologiques. Un an plus tard, Jakobson, esprit universel s'il en est, polyglotte par vocation et exilé par destin, en fait plus généreusement la caractéristique de la science moderne, en réaction contre le vieux positivisme, voué au recueil d'événements particuliers observables et à la tentative d'établir entre eux des régularités dûment constatées. Cependant, la définition reste vague : si le structuralisme consiste simplement à penser que le tout précède et détermine les parties, que les relations importent plus que les termes, et qu'on ne construit pas les lois en généralisant à partir des observations, ne devrait-on pas dire qu'Aristote, mais aussi Spinoza, Leibniz, Goethe, Hegel ou Bergson, à quoi il faut adjoindre un grand nombre de biologistes, la plupart des physiciens contemporains, et sans doute tous les mathématiciens, sont également structuralistes ?

Tant d'extension ne risque-t-elle pas de faire perdre au mouvement toute intelligibilité ? Pis : une telle définition est-elle susceptible de clarifier une méthode ? Cette incertitude sur la définition devait plus tard amener les auteurs les plus divers à s'y reconnaître, pour, dans la même confusion, s'en écarter presque aussitôt. Aussi vaut-il mieux, afin de bien comprendre ce dont il s'agit, laisser de côté les définitions explicites, et revenir aux opérations mêmes que les linguistes « structuralistes » – au premier rang desquels Jakobson et son compatriote et ami le prince Nicolaï Troubetzkoy – cherchèrent à introduire dans leur discipline, pour montrer ensuite pourquoi et comment Lévi-Strauss a cru pouvoir l'étendre à l'étude de tous les faits culturels – parenté, mythes, rites, ou architecture –, ouvrant ainsi au programme dont se griseront les années 1950 et 1960.

Le XIXe a été le siècle de l'histoire : la linguistique indo-européenne découvre la possibilité de reconstruire, à partir de la diversité des langues actuelles (français, allemand, hindi, etc.), la langue disparue dont elles dérivent à la manière de dialectes. Le changement linguistique apparaît alors comme ce qu'il y a d'objectif et de connaissable dans le phénomène du langage, puisqu'il échappe à la conscience et à la volonté des sujets : c'est insensiblement que le latin est devenu le français. En réaction, Jakobson et Troubetzkoy soutiennent qu'il est inutile de chercher à expliquer l'histoire des langues à partir de contraintes phonétiques – en dernière instance physiologiques – qui conduiraient peu à peu les locuteurs à altérer leurs manières de parler. En effet, le langage a une fonction : l'état actuel d'une langue ne dépend pas seulement de son histoire, mais encore des contraintes que lui imposent les nécessités de la communication. C'est pourquoi on ne peut évacuer toute considération sur la finalité dans l'étude des phénomènes culturels. Aussi ont-ils élaboré une méthode qui permet de ne retenir que ce qui, dans les performances verbales des individus, est porteur de signification.

Cette méthode consiste, dans un premier temps, à proposer aux locuteurs d'une langue un test, dit « de commutation » ou « de permutation », qui permet de distinguer entre les variations phoniques induisant une variation significative et celles qui ne le font pas. Par exemple, en français, le mot « tri » peut être prononcé avec un « r » roulé, et non grasseyé, sans qu'un locuteur perçoive une différence de sens. À l'inverse, la substitution de « pli » à « tri » modifie la signification – remarquons au passage que le locuteur n'a pas besoin de définir chacun de ces termes séparément pour le sentir : il suffit qu'il perçoive la différence. On induit que [tr] et [pl] ont des particularités phoniques significatives pour un Français. En croisant les tests, en montrant par exemple qu'il y a une différence entre « tri » et « pris », on décompose la masse phonologique en phonèmes ([r], [l], etc.), c'est-à-dire en unités ultimes, qui apparaissent alors comme une somme ou un « faisceau » de particularités phonétiques distinctives (labial/non-labial, voisé/non-voisé, etc.). Le phonème est donc une entité purement différentielle. C'est ici que les phonologues russes rejoignent les thèses d'un auteur un peu oublié à l'époque, le linguiste suisse Ferdinand de Saussure, mort en 1913, qui affirmait justement que « dans la langue, il n'y a que des différences » et que « les phonèmes sont avant tout des entités oppositives, relatives et négatives » (*Cours de linguistique générale*).

La méthode comporte un deuxième moment. En effet, les mêmes traits distinctifs séparent plusieurs phonèmes à la fois : ainsi p-t, b-d, m-n, par exemple, s'opposent de la même manière. Un phonème ne se définit plus seulement par la somme des traits distinctifs qu'il actualise, mais aussi par sa position dans un système de séries d'oppositions. C'est précisément le schéma de ce système qu'on appelle une structure : « La définition du contenu d'un phonème dépend de la place qu'il occupe dans le système des phonèmes dont il s'agit [...]. Un phonème ne possède un contenu phonologique définissable que parce que le système des oppositions phonologiques présente une structure, un ordre déterminé » (Nicolaï Troubetzkoy, *Principes de phonologie*).

Si elles sont historiques, les lois du langage sont en plus, comme l'a dit Saussure, « synchroniques », puisque tous les éléments d'une structure doivent être donnés en même temps. On comprend désormais comment une nouvelle méthode de décomposition des faits du langage a conduit à la thèse selon laquelle les éléments sont définis non par des propriétés positives, mais par la manière dont ils se rapportent les uns aux autres : le [r] français n'est pas une certaine manière d'articuler ou un certain profil sonore, il est uniquement une position dans le schéma de la structure. Ce qui n'a été possible que parce que les relations sont des différences, ou plus exactement des différences sonores corrélées à des différences de signification.

En quoi cette méthode est-elle transposable au domaine de l'anthropologie ? Saussure a promis l'avènement d'une discipline nouvelle, la sémiologie, « science qui étudie la vie des signes ». Quand, pendant la guerre, Lévi-Strauss rencontre Jakobson à New York, il prépare une synthèse sur les phénomènes de parenté. On sait en effet depuis Lewis Henry Morgan que les sociétés primitives se caractérisent par des règles de parenté complexes et diverses. Lévi-Strauss pense que ces règles peuvent être réduites à quelques principes simples, si l'on pose l'hypothèse qu'elles traduisent autant de manières d'échanger les femmes. Par exemple, le fait pour une jeune fille de devoir épouser un de ses cousins croisés – c'est-à-dire un fils du frère de sa mère, ou un fils de la sœur de son père – s'explique par une contrainte symétrique et complémentaire : celle où se trouve, à la même génération ou à la génération suivante, une sœur de son cousin de devoir épouser un de ses frères à elle. Les mariages forment un système qui relie les familles au sein d'un réseau de réciprocité. La notion de structure semble donc désigner les différentes manières dont l'« esprit humain » peut s'y prendre pour construire des systèmes de réciprocité. Ainsi, un acte particulier comme un mariage n'a pas son sens en lui-même, mais dépend de sa position dans le système, et de la manière dont celui-ci est construit. Mieux : chaque système de parenté ne fait que réaliser une des possibilités logiques de l'esprit, et on pourrait les comparer en les plaçant dans un vaste tableau combinatoire.

En quoi cela évoque-t-il le travail de Troubetzkoy et de Jakobson ? C'est qu'en réalité la thèse est plus précise. Si les femmes sont échangées, c'est parce qu'elles sont des signes, au sens que les linguistes structuralistes donnent à ce mot, c'est-à-dire des entités oppositives et relatives. Chaque femme est définie par son opposition à d'autres : « C'est un acte de conscience, primitif et indivisible, qui fait appréhender la fille ou la sœur comme une valeur offerte, et réciproquement la fille et la sœur d'autrui comme une valeur exigible » (*Les Structures élémentaires de la parenté*). Les dernières sont nécessairement complémentaires des premières, et elles constituent ensemble une structure. Passant des épouses aux filles, les attitudes s'inversent : le désir doit devenir répulsion ; le cadeau, dette ; l'acte de se montrer, celui de se cacher, etc. Il y a corrélation entre des traits distinctifs. L'ensemble des femmes dans une société donnée constituent donc un système de signes. « Tous les phénomènes auxquels s'intéresse l'anthropologue, dira finalement Lévi-Strauss, offrent bien le caractère de signes » (*Anthropologie structurale deux*).

Le deuxième grand moment de l'œuvre de Lévi-Strauss est, à n'en pas douter, la rédaction des quatre gros volumes des *Mythologiques*. Il y montre que des motifs apparemment aussi dissemblables qu'un signe et un fourmilier, du poison et un séducteur, un collier de perles et une tête coupée, peuvent être considérés comme des variantes du même signe mythologique, dans la mesure où le passage de l'un à l'autre est définissable par un ensemble d'inversions d'oppositions distinctives, les uns se présentant comme le négatif des autres : « Chaque personnage [...], loin de constituer une entité, est, à la manière du phonème tel que le conçoit Jakobson, un "faisceau d'éléments différentiels" » (*ibid.*).

On mesure bien comment Lévi-Strauss emprunte à la linguistique en même temps qu'il s'en distingue. Alors que pour cette dernière la structure est un système de séries d'oppositions, pour Lévi-Strauss elle sera un « groupe de transformations » : « En premier lieu une structure offre un caractère de système. Elle consiste en éléments tels qu'une modification quelconque de l'un d'eux entraîne une modification de tous les autres. En second lieu, tout modèle appartient à un groupe de transformations dont chacune correspond à un modèle de la même famille, si bien que l'ensemble de ces transformations constitue un groupe de modèles » (*Anthropologie structurale*). Il est caractéristique que Lévi-Strauss ne définisse pas la systématicité par un lien interne entre des éléments observables : c'est la même chose qui fait tenir ensemble les éléments d'un système et qui rapporte ce système à d'autres dont il diffère. C'est pourquoi la mise en évidence des structures qui supportent les différents systèmes symboliques exige une méthode comparatiste, qui est propre à l'anthropologie, puisque celle-ci consiste précisément à chercher l'homme à travers la variation culturelle.

Il se distingue aussi des phonologues en ce que l'extension de la méthode sémiologique à tous les faits culturels ne se justifie pas pour lui au nom d'une hypothèse sur leur fonction (la communication), mais parce qu'ils présentent tous également cette propriété d'être essentiellement variables. Mieux : si on a besoin de la méthode structurale dans les sciences humaines, c'est qu'on ne peut jamais juger l'identité entre plusieurs actes – comme des motifs narratifs dans les mythes ou des actes codés dans des rituels – sur la base de leurs seules ressemblances observables. Ce que Lévi-Strauss disait des mythes vaut pour tous les traits culturels. Supposons qu'on s'intéresse à l'histoire d'une pratique, comme mettre en prison les coupables : en se contentant de tracer une ligne continue jusqu'au premier témoignage de cet usage, on risque de commettre de graves contresens, car cette pratique, isolée abstraitement par nous, aura un sens tout à fait différent en fonction du système dans lequel elle s'inscrit ; peut-être même dans certains cas ne vaudra-t-elle pas comme telle. Et, inversement, il se peut qu'elle soit une manière d'être fidèle à un usage qui ne lui ressemble pas, mais dont on peut montrer qu'il occupe la même position dans un système de transformations. L'hypothèse selon laquelle les faits culturels sont des signes ne repose donc pas sur leur fonction, mais sur leur nature : ils ne peuvent être identifiés que si on les replace dans un système de signes, au sein duquel ils apparaissent comme substituables.

Ainsi, il se peut que la puissance de la méthode structurale, aussi bien que l'intérêt philosophique de ses résultats, tienne non pas à ce qu'elle nie la liberté humaine, mais à ce qu'elle montre qu'on peut faire une science de ce dont la nature même est de varier, à condition de ne le définir que par la corrélation de différences. De fait, Louis Althusser, Michel Foucault, Gilles Deleuze, entre autres, y trouvèrent des instruments pour repenser l'histoire et le temps. Qu'ils aient eu le sentiment de devoir se distinguer du structuralisme presque aussitôt est sans doute dû au malentendu qui a accompagné l'extension de la méthode structurale. On croyait y voir une réduction de l'humanité à un vaste tableau combinatoire, alors qu'il s'agissait avant tout de prendre conscience des problèmes que pose, tant au savant qu'au philosophe, la simple délimitation de ces faits bien particuliers que sont les faits culturels. Mais il se peut également que cette confusion ait été nécessaire pour que certains, aiguillés par l'étrange histoire de ce mouvement renversé en son contraire en même temps qu'il triomphait, redécouvrent le problème qu'il a vainement cherché à poser, et en montrent ainsi la vibrante actualité.

Patrice Maniglier enseigne la philosophie à l'Université de Paris-X - Nanterre. Il a notamment publié Le Vocabulaire de Lévi-Strauss *(Ellipses, 2002),* La Culture *(Ellipses, 2003) ; et, codirigé avec Marcela Iacub,* Famille en scènes – Bousculée, réinventée, toujours inattendue *(Autrement, 2003).*

Abrégé d'anthropologie

par

Patrice MANIGLIER

Lorsque Montaigne rencontre ses cannibales à Rouen, il n'a pas besoin de vocabulaire savant. Il lui suffit de sa verve, de son imagination et de son sens critique pour montrer qu'une coutume apparemment aussi « barbare » que le cannibalisme obéit à des valeurs et à une rationalité que nous pouvons comprendre, celles de l'honneur, de la « jalousie de la vertu ». Aujourd'hui, l'ethnographie – étude minutieuse des techniques, des règles de parenté, de la langue, des croyances religieuses, des formes d'organisation sociale, de l'art, des savoirs et des types physiques d'une ethnie, autrement dit d'un groupe humain particulier, conscient de son identité, souvent désigné par un nom (Bororo, Cheyenne...), et au milieu duquel l'ethnographe vit parfois plusieurs années – est une discipline reconnue, dont les règles ont été codifiées il y a presqu'un siècle par Bronislaw Malinowski. La comparaison entre les coutumes et les institutions a ouvert le programme de l'anthropologie, c'est-à-dire la recherche d'une théorie qui permettrait de rendre compte de l'unité de l'humanité sous la diversité culturelle, biologique et environnementale.

L'évolutionnisme du XIXe siècle a replacé les différentes institutions dans un schéma unique en en faisant autant de stades d'une évolution linéaire, opposant ainsi les primitifs et les civilisés – les premiers présentant aux seconds comme les fossiles vivants de ce qu'ils furent. Le diffusionnisme a cherché au contraire à expliquer les ressemblances par la transmission de traits culturels à l'occasion des échanges ou des migrations, sans supposer un schéma d'évolution global et inéluctable pour chacune. Contre ces deux approches, le culturalisme montre qu'une technique ou une croyance ne sont adoptées que si elles sont cohérentes avec l'ensemble des autres traits : le système des différents aspects de la vie d'un groupe constitue une culture. L'anthropologie se confond alors, et pour longtemps, avec une réflexion sur les conditions du passage de la nature à la culture – par opposition avec l'anthropologie physique, qui cherche, elle, à mettre en relation traits culturels et données biologiques –, considéré comme seuil de l'anthropisation, c'est-à-dire la rupture qui a accompagné l'hominisation, par quoi on entend l'apparition de l'espèce humaine dans l'évolution de la vie (station debout, libération de la main, etc.).

Claude Lévi-Strauss tente de montrer que la prohibition de l'inceste est la condition de ce passage : en s'interdisant leurs sœurs et leurs filles, les hommes créent un réseau de solidarités réciproques de dons et de contre-dons, et, de surcroît, obligent la reproduction biologique à se soumettre à une loi sociale. Lévi-Strauss émet l'hypothèse que cette contrainte à la réciprocité s'explique non par une sorte de finalité sociale, mais par la fonction symbolique, mode d'exercice universel de la pensée humaine qui se caractérise par une certaine forme de traitement de l'information, à savoir par le découpage, dans la réalité sensible, de séquences constituées uniquement d'oppositions – comme celles du masculin et du féminin, du mien et du sien, etc. Le structuralisme en linguistique repose en effet sur l'idée que les éléments du langage perçus par les sujets parlants ne sont constitués que d'oppositions sonores associées à des oppositions sémantiques et que, à ce titre, ils sont des signes. Lévi-Strauss appelle aussi cette pensée symbolique la pensée sauvage, non parce qu'elle serait propre aux sauvages, mais parce qu'elle est l'activité spontanée de l'esprit humain. C'est uniquement parce qu'elle se sert du sensible pour mettre de l'ordre dans le sensible, et non par sa forme, que cette pensée diffère de la pensée scientifique : elle établit, entre les différents niveaux de la réalité sensible, des correspondances qui se fondent non sur leurs ressemblances, mais sur une homologie entre des systèmes de différences, c'est-à-dire sur la mise en parallèle, par exemple, des différences entre les clans et des différences entre les espèces animales environnantes, qui se conditionnent les unes les autres et constituent ensemble un système symbolique.

Alors que la pensée scientifique sépare la représentation de l'ordre des relations d'un système, ou sa forme, des termes concrets qu'elle cherche à expliquer, la pensée sauvage fait apparaître la structure dans la corrélation entre différents niveaux concrets de la réalité. Règles de parenté, récits mythiques, organisations spatiales des villages peuvent être compris si on reconstruit le système symbolique dans lequel ils s'inscrivent, voire le système des systèmes symboliques en quoi consiste finalement une culture. La méthode structurale se prête donc à une explication synchronique – fondée sur la coprésence des différents traits culturels – et permet de pallier l'absence de documents historiques. Elle retrouvera dans la diversité des coutumes autant de manières dont l'esprit humain peut s'y prendre pour construire des systèmes, autrement dit mettre de l'ordre dans la nature, dont l'homme fait partie.

La pensée sauvage se caractérise donc par une extrême attention apportée aux détails de la réalité, même humaine – couleurs, odeurs, saveurs, formes de pattes des animaux et rythmes de la nature –, chaque observation pouvant toujours servir pour en « penser » d'autres. Lévi-Strauss explique ainsi le paradoxe néolithique, c'est-à-dire l'énorme explosion de découvertes – poterie, agriculture, domestication, etc. – qui suppose une intense curiosité pour le monde, mais précède de plusieurs millénaires l'apparition d'une pensée proprement scientifique. Il la compare au bricolage, qui lui aussi suppose qu'on travaille avec les moyens du bord et qu'on utilise les résidus d'interventions antérieures pour réparer un objet – au contraire de l'ingénieur, qui prévoit pour chaque pièce une fonction particulière. Les fonctions possibles d'un objet dépendent des permutations qu'il connaît dans cet ensemble (la cale du réfrigérateur peut devenir la paroi d'un coffre) : elle est donc limitée par le groupe de transformations qui existe entre ces différents ensembles possibles. De même, le sens d'un signe dépend de l'ensemble des permutations dont il peut faire l'objet dans un système de signes. Cette forme de pensée induit un rapport différent à l'événement, par exemple à la perte d'une grande partie de la population sous l'effet d'une épidémie, qui consistera à modifier les éléments pertinents – comme le nom des clans –, tout en maintenant la structure, de telle sorte que le nouvel état puisse être conçu comme une transformation réglée du précédent.

Pour Lévi-Strauss, cette manière d'annuler le temps explique le fait que les sociétés où le symbolisme tient beaucoup de place soient des sociétés froides, caractérisées par une histoire lente, par opposition aux sociétés chaudes, qui valorisent l'événement en l'intégrant dans une histoire cumulative, où chaque nouvelle invention vient s'ajouter aux autres de manière linéaire. Mais des cultures voisines apparaissent aussi comme des transformations les unes des autres, souvent en fonction du contexte naturel, ce qui donne lieu à une écologie culturelle. Ainsi Claude Lévi-Strauss montre que les mythes des deux Amériques appartiennent à un même groupe de transformations. L'anthropologie structurale permet donc non seulement de comprendre comment l'unité de la pensée humaine peut donner lieu aux formes culturelles si diverses que nous voyons, mais aussi pourquoi les différentes régions ont connu un développement matériel si étrangement divergent. Elle reste la tentative la plus impressionnante pour utiliser la différence entre les hommes comme instrument de connaissance.

Une brève histoire du regard occidental

par

Emmanuel DÉSVEAUX

La double question de la diversité des cultures et de l'altérité surgit à la Renaissance, notamment sous la plume de Montaigne, dans le sillage des grandes découvertes. En réalité, le XVIe siècle ouvre un long cycle historique – le premier acte de la mondialisation, si l'on veut – de mise en contact de toutes les populations et de toutes les cultures à travers le globe, cycle en train de s'achever sous nos yeux. La fin du XXe siècle a vu, en Nouvelle-Guinée ou en Amazonie, s'établir la rencontre avec les dernières populations restées jusqu'alors à l'écart de notre sphère d'influence. Au cours de cette histoire déjà longue, un discours de type anthropologique a toujours été présent, qui n'a eu de cesse de nourrir la réflexion occidentale sur ces mondes autres au fur et à mesure que nous les découvrions.

Rétrospectivement, quatre grandes strates historiques se dessinent : l'époque théologique (XVIe-XVIIIe siècle) ; l'époque darwiniste (XIXe siècle – début XXe siècle) ; l'âge classique de l'anthropologie, qui culmine avec Lévi-Strauss (milieu du XXe siècle) ; enfin, l'époque postmoderniste (fin XXe siècle). Fait significatif, à chacune de ces époques correspond un âge muséographique. On peut donc suivre le développement concomitant des théories – qui s'expriment avant tout dans des écrits – et des pratiques d'exhibition concrète de l'altérité – en particulier, mais pas seulement, à travers des objets. L'institution muséale révèle bien les évolutions de notre regard sur l'autre d'un point de vue moral, car, en simplifiant les paradigmes dominants et en durcissant les positions théoriques, elle laisse subrepticement un contenu idéologique supplanter le discours scientifique.

Tout au long du Moyen Âge, la pensée occidentale s'est habituée à l'idée que le monde dans sa totalité est œuvre divine et que la Bible relate l'histoire de cette création. L'élargissement considérable de l'horizon qui résulte des grandes découvertes va exiger des remises en cause douloureuses et de difficiles ajustements, long processus préalable aux Lumières qui, au nom de la raison, finira par mettre à bas ce cadre biblique.

Dès les premiers contacts avec les Amérindiens, la grande question qui se pose est celle de la nature et de l'origine de cette nouvelle humanité, dans la mesure où les Saintes Écritures restent muettes à son sujet. Il faut d'abord trancher pour savoir si les Indiens sont bien des êtres humains, puis triturer le texte biblique dans tous les sens pour établir une filiation entre Adam et eux. De façon providentielle, les Écritures mentionnent la treizième tribu d'Israël, tribu perdue et désormais retrouvée. Dans cette vision, les auteurs cherchent à rapprocher les traits culturels des Indiens avec ceux, supposés, des anciens Hébreux. Selon un schéma qui sera une tentation constante de la discipline, la diversité culturelle résulte d'un simple effet de diachronie, d'un décalage dans le temps, puisque les Indiens d'aujourd'hui posséderaient la culture des Hébreux du passé.

En définitive, cette perspective sur l'autre débouche avant tout sur la nécessité de le convertir au christianisme, et non pas de l'étudier en tant que tel. C'est dans ce contexte d'aveuglement calculé qu'émerge la figure du « bon sauvage » au début du XVIIIe siècle avec le baron de La Hontan et ses célèbres *Dialogues avec un sauvage*. Qu'il n'ait aucune consistance ethnographique, comme cela a souvent été remarqué par les commentateurs, tient au fait qu'il s'agit d'abord d'une icône philosophique. Étendard du parti antireligieux, le sauvage ne descend pas d'Adam, mais appartient à la nature. Remarquons par ailleurs que le stade muséographique de cette première période est le cabinet de curiosités, lequel se caractérise par l'accumulation d'objets, spécimens naturels et artéfacts confondus. Le grand partage est entre les entités spirituelles et les choses. La question de l'humanité des Amérindiens relève de la spiritualité ; elle demeure purement abstraite. Elle n'a rien à voir avec la matérialité des collections d'objets exotiques qui mélangent allègrement ce qui provient de la nature et ce qui provient de la culture.

Cela étant, la figure du bon sauvage, toute détachée des réalités quelles qu'elles soient, a une valeur transitoire. Car en évoquant une humanité qui vit au cœur de la nature, loin des affections de la culture – ce qui, nous le savons bien, est une pure illusion de philosophes –, elle facilite l'acceptation de l'idée, promue par les naturalistes, que l'homme est finalement aussi une espèce animale parmi d'autres. Par rapport au postulat théologique, le renversement de perspective est considérable. En osant placer la condition humaine au même niveau que celle des animaux, le paradigme naturaliste, qui est d'abord un paradigme taxinomique, ouvre une boîte de Pandore qu'il appartiendra à l'anthropologie sociale du XXe siècle de tenter de refermer.

Aujourd'hui encore, ce terrible débordement demeure comme une blessure mal cicatrisée au flanc d'une pensée occidentale qui se veut le produit des Lumières. Car on est alors entré dans une double logique dont les effets combinés seront particulièrement nocifs. Premièrement, une logique de la classification : l'homme constitue une espèce animale, qui, comme toute espèce, est susceptible d'abriter en son sein des sous-espèces ou des races. Deuxièmement, une logique de l'évolution, dont le darwinisme n'est jamais qu'un aboutissement. Ce qui importe de retenir en priorité ici, c'est comment cette logique permet de distinguer des êtres inférieurs et des êtres supérieurs. Tous les ingrédients sont rassemblés pour élaborer une anthropologie fondée sur l'idée d'évolution qui va chercher à inventorier, puis à classer les groupes humains, les cultures, mais aussi les prétendues races, en fonction de leur plus ou moins grand degré de sophistication.

Dans un premier temps, l'anthropologue américain Lewis Henry Morgan a ainsi tenté de construire une hiérarchie en fonction des modes d'organisation de la famille ; mais il a dû y renoncer par manque de lisibilité du schéma initial élaboré en ces termes. Il s'est alors rabattu sur le critère technique. Pour un esprit occidental de la seconde moitié du XIXe siècle, il s'agit là du critère le plus facilement intelligible. Morgan établit une échelle qui va de la sauvagerie à la civilisation en passant par la barbarie ; à chaque stade correspond la maîtrise d'une technique supposée plus complexe à mettre en œuvre : agriculture (par rapport à la chasse), poterie, métallurgie, etc. Après tout, c'est bien la technique qui assure à l'Europe sa position dominante dans le monde. À l'époque, la confusion est entretenue entre les critères culturels et les critères purement naturels relevant de l'apparence physiologique – couleur de peau, forme du crâne, texture des cheveux, etc. – dans cette appréciation de l'autre. Tous les préjugés et tous les fantasmes se focalisent ici pour créer les conditions d'un délire scientifique authentiquement raciste qui perdurera jusqu'à la Seconde Guerre mondiale, et que les atrocités nazies disqualifieront définitivement.

La période du XIXe siècle et du début du XXe siècle sera celle d'une muséographie qui présente les objets classés en fonction de la plus ou moins grande efficacité qu'on leur prête. Au-delà de ce critère technologique, on apprécie tout particulièrement les armes et les casse-tête, afin de suggérer *in petto* aux visiteurs que, si la conquête n'a certes pas été de tout repos, on doit désormais se consacrer à civiliser les « sauvages pacifiés » – témoin leurs armes qui sont dans nos musées, tels des trophées. Cette période connaît un dispositif complémentaire afin de montrer l'autre. Il s'agit de ce que certains historiens, en redécouvrant le phénomène et son ampleur, ont appelé récemment le « zoo humain » : la population d'un village se retrouve exposée dans un parc, derrière des barreaux, au milieu des métropoles européennes. Totalement déboussolés, laissés de préférence quasi nus, ces individus sont censés singer leur propre existence quotidienne. Une telle exhibition est destinée à l'« édification du public ». Inutile d'insister sur la monstruosité du procédé... qui fut du reste fatal à la plupart de ces pauvres hères ayant fait le voyage, peu ou prou contraints, jusqu'au cœur de la « civilisation ».

Cela étant, dès les dernières années du XIXe siècle, une première voix s'élève pour contrer la vision évolutionniste. Il s'agit de celle de Franz Boas, père du culturalisme, dont l'étude s'appuie sur des ethnographies, c'est-à-dire le recueil de données de terrain, le plus précises possible. Simultanément, en Angleterre s'affirme un courant fonctionnaliste, auquel le nom de Bronislaw Malinowski est attaché. Les traits culturels et institutions d'une société donnée sont des réponses à des besoins dits élémentaires de l'être humain. Le mariage sert à encadrer la sexualité, la famille à élever les enfants, la chefferie à assurer la défense du groupe, le mythe à satisfaire la capacité imaginaire, etc. En dépit de cet aspect réducteur des faits sociaux, ce courant prépare le structuralisme en postulant un lien nécessaire entre eux. En France, il faut attendre Marcel Mauss pour voir émerger une pensée anthropologique en rupture avec les préjugés évolutionnistes, donnant lieu à de très belles intuitions sur le don ou encore sur l'origine culturelle des façons d'utiliser notre corps. N'est pas négligeable à cet égard l'apport d'un Michel Leiris, son cadet de quelques années, s'interrogeant très tôt sur le colonialisme et le racisme, bien qu'il se situe à un niveau plus personnel.

Il est frappant d'observer que, en dépit de leurs divergences théoriques, les expressions muséographiques des paradigmes culturaliste et fonctionnaliste se rejoignent pour donner lieu à ce que l'on pourrait désigner comme l'âge classique du musée d'ethnologie. Le principe dominant de cette muséographie est le diorama, reconstitution d'une scène de la vie quotidienne de telle ou telle ethnie : munis de leurs outils, adoptant la posture correspondant à certaines tâches précises, des mannequins sont dressés dans une large vitrine dont l'arrière-plan, peint en trompe l'œil, représente un paysage. L'authenticité est garantie par l'ethnographe qui s'est rendu sur le terrain : censé avoir assisté à la scène, il en supervise la reconstitution grâce aux objets qu'il a lui-même recueillis sur place. Ce qui justifie aux yeux des uns et des autres la validité du dispositif, lequel réside dans l'effet de totalité qu'il dégage : totalité d'une culture pour les culturalistes, totalité (ou complémentarité) des activités pour les fonctionnalistes.

La révolution structuraliste, dont Claude Lévi-Strauss est la figure centrale, tient à un rapprochement entre anthropologie et linguistique, et, partant, à une rupture radicale avec le naturalisme. Le succès retentissant que rencontre Lévi-Strauss dans les décennies 1960 et 1970 résulte en réalité de la synthèse qu'il offre dans un premier temps entre l'enseignement de Radcliffe-Brown – une société est structurée, c'est-à-dire solidement organisée, et il y a un rapport non arbitraire entre chacune de ses institutions – et celui de Mauss, du moins dans sa dimension sémantique – le don symbolise, à travers une nécessité universelle de l'échange, le lien social primordial –, synthèse qui lui permet de renouer avec le langage de la philosophie politique du XVIIIe siècle. Si Lévi-Strauss parle ouvertement de sociétés primitives, c'est parce que à ses yeux, leurs techniques rudimentaires jouent en leur faveur ; elles n'ont rien d'une déficience comme le pensent les théoriciens évolutionnistes du XIXe siècle. Elles sont au contraire un gage de transparence ; elles ne font pas écran à ce qui constitue l'essence de la société. Celle-ci se donne alors à voir à travers le prisme de ses institutions, au premier rang desquelles se trouve l'échange matrimonial.

Cette perspective nouvelle se double d'un effort de réhabilitation, en partie inspiré par les travaux des anthropologues américains disciples de Boas, des modes de pensée et de représentation de ces petites sociétés exotiques. Lévi-Strauss montre ainsi qu'elles possèdent des savoirs à la fois étendus et organisés au sein de systèmes de classification sophistiqués, en matière d'astronomie, de botanique, de zoologie, d'anatomie, etc. Cette leçon, qui s'énonce dans un contexte d'antiracisme militant, autorise un renversement radical de la perspective sur l'autre, puisqu'il n'est plus seulement notre frère en condition – notion assez abstraite – mais aussi en intelligence, ce qui, paradoxalement, rend cette fraternité beaucoup plus concrète.

C'est bien avec Claude Lévi-Strauss et le structuralisme que l'anthropologie semble atteindre son zénith. Ayant définitivement rompu les amarres avec le naturalisme, elle propose en effet un rapprochement idéal des attitudes scientifique et éthique, dans la mesure où la conduite d'enquêtes extrêmement approfondies sur tous les aspects des cultures « exotiques » en vue d'en faire ressortir la rationalité cachée implique de présupposer chez l'autre cette capacité à la rationalité. Un cycle est bouclé par rapport à Montaigne. Pour ce dernier, l'irrationalité est également distribuée au sein de l'espèce humaine ; pour Lévi-Strauss, c'est la raison qui l'est.

Depuis quelques années cependant, le paradigme structuraliste fait l'objet d'un feu roulant de critiques, tandis que la discipline semble en proie au doute ; elle apparaît écartelée entre deux pôles très éloignés l'un de l'autre. D'un côté, sous l'étendard du postmodernisme, on assiste à une mise en cause radicale de la discipline ; invoquant la subjectivité de l'ethnographe et surtout de son informateur, on nie la validité de la relation ethnographique, par conséquent la validité des données recueillies sur le terrain. Selon les adeptes de ce courant, ces données seraient, dans le meilleur des cas, des témoignages historiques sur une communauté et sur son ethnographe. Certains renforcent encore la critique en faisant remarquer que, à trop vouloir rationaliser l'autre, on court le risque de nier sa différence. D'un autre côté, sous l'intitulé de cognitivisme, des anthropologues, à l'origine pourtant inspirés par les travaux lévi-straussiens sur les classifications, regardent de nouveau du côté des sciences naturelles, s'intéressant désormais aux mécanismes de la perception et de la construction mentale des représentations. Entre ces deux problématiques dominantes, on peut se demander si la discipline n'a pas un peu perdu de vue sa double vocation initiale : expliquer la diversité des cultures et définir une éthique en conséquence.

À l'opposé des âges antérieurs, la période structuraliste, à cause du caractère très abstrait de son propos, n'a pas donné lieu à une muséologie particulière. Il n'empêche que le musée d'ethnographie a été l'une des cibles privilégiées de la critique postmoderne. Si les dioramas étaient certes dans la lignée des zoos humains – les mannequins ayant simplement remplacé les gens en chair et en os –, le musée, comme institution, en engrangeant des objets et des images, a participé activement à la constitution d'un patrimoine dont on commence aujourd'hui à apprécier l'inestimable valeur ; car, le plus souvent, les sociétés qui le produisaient n'avaient ni l'intention ni les moyens de le conserver. Dès lors, une des missions actuelles de l'anthropologie, du point de vue moral, tourne autour de cette question de la patrimonialisation, des conditions de la restitution, mais aussi de la présentation de l'autre. On remarquera qu'à l'heure actuelle les musées d'ethnographie se renouvellent tous en mettant l'accent sur l'art. Se faisant, ils proposent un nouvel humanisme – l'homme, cet artiste universel –, qui a l'avantage de couper l'herbe sous le pied à tout retour inopiné du refoulé évolutionniste.

Emmanuel Désveaux, anthropologue et maître de conférences à l'EHESS, a notamment publié Quadratura Americana – Essai d'anthropologie lévi-straussienne *(Georg Éditeur, Genève, 2001).*

Lévy-Bruhl et la mentalité primitive

par

Frédéric KECK

Parler de « mentalité primitive » a-t-il encore un sens ? L'expression a été formée par le philosophe Lucien Lévy-Bruhl (1857-1939), dont les ouvrages sur le sujet, publiés de 1910 à 1938, ont incité nombre d'ethnologues à chercher au sein d'autres cultures des formes de pensée différentes de ce qu'ils identifiaient à la rationalité occidentale. Ainsi, Michel Leiris, parti en Afrique en 1931, décrivait son voyage comme « l'essai de [se] faire autre en effectuant une plongée dans une "mentalité primitive" dont [il] éprouvait la nostalgie ». Ce rôle fondateur des études sur la mentalité primitive pour l'ethnologie française nous semble aujourd'hui suspect : n'y a-t-il pas un geste condescendant dans le qualificatif « primitives » appliqué à certaines sociétés, fût-ce pour rendre hommage à leur pensée, et un tel projet ne reste-t-il pas inscrit dans un cadre colonial où les sociétés supérieures peuvent étudier les inférieures pour mieux les contrôler ?

Ce soupçon, s'il est justifié, doit cependant prendre la mesure de la rupture opérée dans l'étude de ces sociétés par Lévy-Bruhl, qui remarque d'emblée qu'il est inadéquat de les qualifier de primitives. Dire qu'elles ont une mentalité propre, c'est en effet rompre avec l'attitude évolutionniste d'Edward Tylor et de James Frazer qui les place dans l'enfance de l'histoire, ce qui expliquerait qu'elles restent prises dans les erreurs et les superstitions de l'enfance, dont nous serions débarrassés par les clartés de la science ; c'est au contraire étudier leur pensée comme un tout cohérent, structuré de l'intérieur par des principes qui lui sont propres. À la question : comment peuvent-ils penser aussi mal ? succède alors celle-ci : comment peuvent-ils penser autrement ?

Quel moyen a-t-on de reconnaître une forme de pensée dans ces sociétés qui n'ont ni livre religieux ni tradition scientifique – ce pourquoi on les dit aussi « sans écriture » – si la pensée est d'abord ce qui s'apprend dans des textes ? La réponse de Lévy-Bruhl, dans le sillage de la sociologie d'Émile Durkheim, est qu'il faut observer leurs institutions sociales, où la pensée se trouve en quelque sorte cristallisée et qui agissent sur les individus par la croyance. Les institutions sociales produisent en effet ce que Durkheim appelle des représentations collectives, qui structurent la vision que les individus ont du monde : il est donc nécessaire de chercher dans les sociétés primitives les représentations collectives spécifiques qui orientent l'attention des indigènes vers des éléments imperceptibles pour nous et pourtant bien réels à leurs yeux. Ainsi, l'existence reconnue de sorciers permet d'attribuer une cause aux événements malheureux, puisque celui qui tombe malade peut se considérer comme ensorcelé et demander alors des comptes au sorcier en consultant un oracle pour le trouver.

C'est pourquoi Lévy-Bruhl affirme que la mentalité primitive est régie par des participations mystiques, ce qui signifie qu'elle perçoit derrière tous les phénomènes visibles l'action des esprits des ancêtres ou des sorciers, qui se mêlent toujours à l'existence des vivants. Il ne s'agit pas ici de superstition ou d'illogisme : à partir du moment où l'on s'est donné ces prémisses que sont les représentations collectives ou les croyances des indigènes, l'ensemble de leurs énoncés paraît logique, et leurs comportements deviennent parfaitement clairs. La notion de mentalité est donc proche de celle de culture, au sens où l'on ne peut comprendre la mentalité d'une société que de l'intérieur, en partant de ce qui a de la valeur pour elle-même, sans lui imposer des critères de valeur ou de logique venus de notre propre société.

Une telle conception pose cependant un nouveau problème : peut-on supposer l'existence d'une mentalité propre à une société particulière et qui organiserait de façon déterminée toute sa vision du monde ? La lutte contre le préjugé évolutionniste ne se retourne-t-elle pas en son contraire, tout aussi naïf, celui du relativisme culturel, selon lequel chaque société aurait sa propre logique et ses propres valeurs, qui seraient entre elles sans commune mesure ? Supposer l'existence de mentalités comme des blocs de pensée fermés sur eux-mêmes et conditionnant toute une société conduit à figer l'altérité culturelle recherchée et rencontrée dans un déterminisme contestable, assez proche finalement du conditionnement par la race. Ne dit-on pas de celui que l'on refuse de comprendre qu'« il n'a pas la même mentalité », ou d'une réforme qui ne passe pas qu'elle suppose d'abord de « changer les mentalités » ?

L'hypothèse d'une mentalité propre à une société particulière se heurte à deux objections. D'une part, tous les individus d'une même société ne pensent pas de la même façon en vertu d'un conditionnement mental par une institution, voire d'une constitution biologique innée : ils sont en rapport avec un mode de pensée reconnu comme dominant qu'ils sont amenés à plus ou moins contester ; ainsi, la sorcellerie ne gouverne pas toute l'explication du monde des sociétés dites primitives, mais elle peut être mise en question au profit d'une interprétation que nous jugerions plus scientifique des phénomènes, lorsqu'on montre par exemple qu'il est impossible qu'un sorcier se trouve dans sa case et cause la mort d'un individu dans une autre case. D'autre part, l'ethnologue n'est pas lui-même radicalement extérieur à ce mode de pensée, puisqu'il peut entrer en communication avec les indigènes et apprendre à agir et à penser comme eux : Edward Evans-Pritchard, ethnologue anglais inspiré par Lévy-Bruhl dans son enquête chez les Azandé du Soudan, note ainsi qu'il recourt lui-même à la sorcellerie comme à une explication ordinaire lorsqu'il tombe malade.

La thèse de Lévy-Bruhl est en fait plus subtile et plus complexe que l'affirmation d'une mentalité propre aux sociétés primitives et radicalement autre. Ce qu'il cherche à décrire dans des sociétés différentes de la nôtre, c'est une pensée qui est encore la nôtre, mais qui a cessé de paraître visible et énonçable parce qu'elle a été recouverte par la rationalité scientifique, qui a fini en quelque sorte par occuper l'ensemble de nos préoccupations au détriment d'autres façons de concevoir le monde. Il y a donc en nous des modes de penser qui ont la même validité que la conception scientifique du monde, et que nous redécouvrons lors de la rencontre avec les sociétés dites primitives. Nous pensons en effet de façon primitive dès que nous relâchons la pression de la rationalité scientifique et que nous regardons le monde non plus comme un ensemble de choses à connaître dans un schéma cohérent et exhaustif, mais comme un ensemble d'événements ponctuels et imprévisibles avec lesquels il faut vivre et agir. Ainsi, lorsque nous tombons malades, nous pouvons bien repérer notre maladie dans l'ordre rationnel des classifications des pathologies de la science médicale, mais nous éprouvons cette maladie comme un mal qui nous est directement adressé et qui concerne notre existence, c'est-à-dire qui modifie notre façon de vivre et l'ensemble de nos relations.

Dès que nous cessons de concevoir le monde à distance, tel qu'il apparaît aux yeux du scientifique, dès que nous nous sentons engagés dans le monde et que nous y prenons des risques, nous pensons de façon primitive. Il ne s'agit pas cependant d'un appel aux forces irrationnelles ou d'une exaltation mystique du vécu individuel : la thèse de Lévy-Bruhl est justement que cette façon de concevoir le monde est totalement rationnelle et cohérente, et c'est pourquoi il en cherche la description non en nous mais dans d'autres sociétés, où cette cohérence apparaît plus clairement. C'est parce qu'elle a été écartée par la rationalité scientifique que cette conception du monde a semblé irrationnelle et individuelle, alors qu'elle est en elle-même totalement logique parce que sociale, c'est-à-dire qu'elle est une façon de vivre inscrite dans des relations humaines.

Lévy-Bruhl décrit la mentalité primitive comme une « logique de l'affectivité » : l'expression semble paradoxale si l'on conçoit l'affectivité comme une source irrationnelle en nous, mais elle cesse de l'être si l'on comprend la logique propre à cette façon de se rapporter au monde qui s'appuie sur des affects et non sur des concepts. Il n'est dès lors pas étonnant que la reconnaissance de la pensée de Lévy-Bruhl soit venue de la phénoménologie, de l'existentialisme et de la psychanalyse, trois courants qui tentent de décrire un rapport au monde plus profond que celui que fournit la connaissance, et que l'on peut en ce sens appeler « primitif ». Le détour par les sociétés primitives est l'occasion de revenir à cette part primitive de notre rapport au monde. Le passage par l'autre permet de penser notre propre altérité, qui constitue la part impensée de notre propre pensée.

Une telle position est encore l'indice d'un nouveau problème : s'il s'agit de se déprendre de sa propre pensée pour parvenir à ce qu'il y a de radicalement autre en l'autre et en nous, peut-on parvenir à une compréhension positive de l'autre sans le ramener à la forme familière de notre pensée ? Comprendre l'autre, c'est à la fois entrer dans le sens interne de sa pensée et le ramener à soi, l'assimiler, le comprendre. N'est-on pas alors condamné à ne dire de l'autre que ce qu'il n'est pas et à en faire le négatif de notre propre pensée ? Des sociétés « primitives », on ne pourrait exprimer qu'une chose : elles ne pensent pas comme nous ; mais ce qu'elles pensent vraiment nous resterait à tout jamais incompréhensible, puisqu'il faudrait en faire partie pour penser comme elles.

Cette impasse, débarrassée des naïvetés du relativisme culturel, ne renverrait qu'à l'énigme de notre propre altérité, à cette part de notre propre existence que nous ne pouvons pas connaître mais seulement éprouver dans le silence de la vie. L'œuvre de Lévy-Bruhl se clôt ainsi sur des notes publiées de façon posthume, les *Carnets*, qui avouent l'échec de son projet de décrire pour elle-même la mentalité primitive : « La participation, en son fond, nous reste mystérieuse. » Comme dans la psychanalyse ou dans la phénoménologie, l'anthropologie issue de Lévy-Bruhl ne cesserait d'écrire pour dire ce que l'écriture ne peut que trahir.

Sur une telle aporie, on peut sans cesse méditer de façon poétique et littéraire, et une grande partie de l'ethnographie comme pratique d'écriture a consisté à parler de cette altérité rencontrée dans des sociétés exotiques sans jamais en dissiper le mystère. Mais existe-t-il une solution de cette aporie qui soit féconde pour une ethnologie, voire une anthropologie, c'est-à-dire une science qui étudie rationnellement les autres sociétés afin d'en déduire des conséquences sur la nature humaine ? La pensée de Lucien Lévy-Bruhl, dans ses dernières formulations, propose une telle solution.

Si on la comprend bien, la thèse selon laquelle il y a en nous deux mentalités ou façons de penser ne conduit pas forcément à l'impossibilité d'accéder à une mentalité depuis une autre : c'est une thèse sur la pensée elle-même en tant qu'elle est capable de différer d'elle-même et de prendre des formes différentes. C'est à cette conclusion qu'est conduit Lévy-Bruhl dans les *Carnets* : « Leur pensée diffère de la nôtre en tant que pensée, comme leurs concepts en tant que concepts – bien qu'il soit vrai que leur esprit forme des concepts comme le nôtre et pense comme le nôtre. Il faut donc tenter une analyse des faits qui permette de saisir, sous l'identité de la fonction, les différences du produit de cette fonction, et si possible leurs causes. » Que la pensée soit une fonction, capable de prendre des valeurs différentes selon les situations où elle s'effectue, et non une substance prenant les mêmes formes universellement, c'est une thèse fondamentale pour l'anthropologie, qui peut alors se présenter comme la véritable science de la pensée, c'est-à-dire la véritable psychologie.

Sur ce point, Lévy-Bruhl annonce ce qui sera la découverte essentielle de l'anthropologie structurale de Lévi-Strauss, fondée sur la linguistique de Ferdinand de Saussure et Roman Jakobson : la pensée des autres sociétés peut être étudiée, de même que le langage, comme un ensemble de structures de différences qui se transforment les unes dans les autres. C'est à partir de cet ensemble de structures, que Lévi-Strauss nomme « inconscient structural », qu'il est possible d'étudier la pensée des autres sociétés sans se laisser fasciner par l'aporie du même et de l'autre, puisque cet inconscient structural peut être dit universel et sert ainsi de terrain de communication entre moi et autrui. Aussi, lorsqu'il rédige *La Pensée sauvage* en 1962, Lévi-Strauss est-il en mesure de corriger ce qui reste d'ambigu dans la démarche de Lévy-Bruhl : la pensée sauvage, ce n'est pas en effet la pensée des sauvages, c'est la pensée à l'état sauvage, non domestiqué. Lévi-Strauss observe cette pensée sauvage à l'œuvre à l'intérieur des systèmes de classification des espèces naturelles dans les sociétés dites totémiques, en montrant que les différences établies entre espèces sont l'occasion de penser les différences sociales entre clans.

Reste qu'avec une telle thèse Lévi-Strauss a pu sembler gommer ce qui faisait l'intérêt de la démarche de Lévy-Bruhl, c'est-à-dire la recherche d'une autre forme de pensée que la pensée occidentale, rationnelle et scientifique. On a parfois vu chez Lévi-Strauss l'attitude souveraine du grand savant qui connaît déjà les formes universelles de la pensée humaine et qui se contente d'en retrouver les applications dans des mythes, des rites, des systèmes de parenté ou de classification issus des sociétés les plus diverses. C'est cependant ignorer que la thèse selon laquelle la pensée n'est constituée que de différences est subordonnée chez Lévi-Strauss à l'affirmation d'une différence majeure – on pourrait dire la Différence –, qui est précisément celle entre pensée sauvage et pensée scientifique. C'est ce que Lévi-Strauss a illustré par l'exemple du bricolage : le bricoleur ne dispose pas d'un schéma tout prêt, comme l'ingénieur, mais repère les bonnes occasions et assemble des éléments dans des combinaisons inattendues au gré de ce qu'il trouve. Le bricoleur est le magicien de nos sociétés : ses pensées, de l'ordre d'un savoir-faire plus que d'un savoir, ne sont pas vraiment scientifiques mais elles fonctionnent. Il a ce que Pierre Bourdieu appelle un « sens pratique », qui diffère en nature du savoir théorique.

L'opposition du bricoleur et de l'ingénieur chez Lévi-Strauss renvoie donc à la grande différence qui traverse toute pensée entre sa dimension pratique et sa dimension théorique : la vie pratique engage autant de pensée que la théorie, mais ce n'est pas la même pensée, et c'est pourquoi il est si difficile de la décrire. Par là, Lévy-Bruhl a posé un problème qui continue de susciter de nouveaux travaux d'anthropologie, en sciences cognitives notamment. Le principal problème qu'affrontent ces sciences qui se proposent de décrire le fonctionnement universel de la pensée à partir de modèles du cerveau issus de l'informatique et de la biologie est de comprendre les processus mentaux engagés dans l'apprentissage du langage ou des comportements sociaux, toutes ces connaissances qui, comme le dit l'anthropologue britannique Maurice Bloch, « vont sans dire » et passent par des formes implicites de pensée bien plus que par des théories explicites. La démarche qui consiste à partir dans les sociétés les plus éloignées pour chercher la forme de pensée qui nous est la plus proche n'est donc pas vaine ; car, plutôt que comprendre l'autre, en partant apprendre la pensée des autres sociétés, on pense mieux ce que l'on a déjà appris.

Frédéric Keck est chargé de recherche à l'Institut Marcel Mauss (CNRS-EHESS). Il a publié notamment Claude Lévi-Strauss, une introduction *(La Découverte, 2005),* Lévy-Bruhl. Entre philosophie et anthropologie *(CNRS Éditions, 2008).*

La pensée du sauvage

par

Robert DELIÈGE

L'ethnologie a toujours eu les sociétés dites « primitives » pour objet d'étude privilégié. Quelle que soit la pertinence actuelle de la définition. Les ethnologues ont hésité entre deux appréciations globales pour qualifier cet objet : selon certains, les sociétés primitives incarnent l'altérité radicale, la barbarie et l'arriération, alors que, pour d'autres, non seulement le sauvage est un être bon mais, en outre, il représente le modèle même d'une humanité non contaminée et dès lors passablement désirable. L'ethnologie ne fait ainsi que refléter l'opposition entre le modèle hobbésien d'un genre humain dépravé et une conception plus rousseauiste de la nature humaine, ou encore entre le romantisme et l'humanisme, dichotomie qui prend ici la forme du relativisme et de l'universalisme.

L'air du temps n'est plus aux systèmes théoriques. Un à un, les modèles d'explication du monde, dont d'aucuns diront qu'ils nous ont davantage éblouis qu'éclairés, ont cessé de faire illusion : les ethnologues, qui par nature sont assez rétifs aux grandes théories, n'ont dès lors plus eu de mal à se réfugier dans ce relativisme facile auquel ils sont immanquablement associés. Le structuralisme de Claude Lévi-Strauss apparaît aujourd'hui comme la dernière tentative d'explication globale de l'homme en société. Si lui-même a parfois succombé aux sirènes du relativisme, c'est de façon conventionnelle et passagère, car son œuvre se situe bien sur le versant théorique et universaliste de l'anthropologie – terme que, symptomatiquement, il préfère à celui d'ethnologie –, et ce n'est pas un hasard si, dans un article remarquable, il a fait de Rousseau le « fondateur des sciences de l'homme ». La filiation entre le philosophe et l'ethnologue illustre, à moins qu'elle ne les trahisse, les fondements philosophiques de la pensée de ce dernier. Elle montre aussi combien l'œuvre de Lévi-Strauss s'inscrit de façon consciente et mesurée dans l'histoire de l'ethnologie, notamment en ce qu'elle aborde systématiquement toutes les grandes questions ayant marqué la discipline.

Que la pensée de Lévi-Strauss se situe sur le versant universaliste de l'ethnologie apparaît notamment dans *Le Totémisme aujourd'hui*, ouvrage qui précède et prépare *La Pensée sauvage*, pour traiter d'un sujet qui a marqué l'ethnologie du XIXe siècle. En effet, longtemps considéré comme une étape fondamentale de la société humaine, le totémisme est devenu une préoccupation majeure des intellectuels de l'époque, à tel point qu'un commentateur a pu dire alors que celui-ci, de même que le radar, la marmelade et le whisky, est une invention écossaise. Dans l'ouvrage qu'il consacre à la question, Lévi-Strauss relève, lui aussi, l'imprécision du totémisme comme catégorie significative de faits sociaux. Mais il va plus loin encore et entreprend de démontrer les carences d'une approche ethnographique du phénomène. Examinant une à une les différentes explications ethnologiques du totémisme, il considère que leur insuffisance résulte de cet égarement intellectuel propre à une discipline qui croit que la connaissance provient de l'expérience et donc des faits.

Avec Raymond Firth, Alfred A. Radcliffe-Brown et surtout Meyer Fortes, des progrès ont été accomplis, il le concède, mais la clé du totémisme se trouve, et ce n'est pas un hasard, chez des philosophes tels que Rousseau et Bergson ; si Bergson a pu comprendre ce qui se cache derrière le totémisme, c'est parce que sa propre pensée était, « sans qu'il le sût, en sympathie avec celle des populations totémiques ». Le totémisme est alors perçu comme une des premières manifestations de la pensée symbolique, un moyen pour l'homme d'exprimer sa diversité et la multiplicité de ses manières de vivre. La nature et la culture sont ainsi deux systèmes de différences entre lesquels existe une analogie formelle qui tient à leur caractère systémique : les groupes sociaux sont séparés les uns des autres, mais solidaires.

Ce détour par la philosophie trahit le goût de Lévi-Strauss pour la métaphysique, qui, selon lui, n'est pas une activité purement intellectuelle coupée des réalités. Les interrogations philosophiques sont, au contraire, si fondamentales qu'elles ne peuvent être éludées. Il en vient ainsi à concevoir le sauvage comme un penseur dont les productions intellectuelles, des arts aux mythes, résolvent, à leur manière, des questions essentielles. Comme chez Rousseau, le sauvage devient une espèce d'alibi, en procurant au philosophe un moyen de concrétiser sa pensée. C'est d'ailleurs bien de pensée qu'il s'agit puisque le sauvage, tenu pour un penseur, l'est aussi pour un homme de science. De fait, si elle est une science du concret, la pensée sauvage n'en demeure pas moins une science à part entière et, à ce titre, elle mérite notre admiration. Ce rationalisme s'inscrit dans la tradition anthropologique du XXe siècle qui s'est constituée sur la base d'une critique radicale de l'évolutionnisme, et notamment de l'idée selon laquelle l'histoire de l'homme et de la société est traversée par le progrès. D'après la pensée évolutionniste, en effet, de la sauvagerie à la civilisation, les institutions connaissent une progression parallèle à celle de la technologie. L'ethnologie moderne remettra en cause cette vision unilinéaire de l'histoire et la hiérarchisation des sociétés.

Lévi-Strauss participe à cette relecture de la « primitivité », mais il évite l'écueil du relativisme où s'empêtrent désormais de nombreux ethnologues. Il ne peut se résoudre à ce rejet de toute espèce de comparaison. C'est bien l'homme qu'il recherche derrière les hommes. Dans *Les Formes élémentaires de la vie religieuse*, Durkheim a critiqué la théorie de Tylor selon laquelle la religion est le fruit d'une réflexion sur le monde, en soulignant que l'anthropologue a eu tort de considérer le sauvage comme un philosophe qui se pose des questions sur le sens du monde.

De ce point de vue, pourtant, Lévi-Strauss est proche de Tylor. *La Pensée sauvage* est alors un peu à l'ethnologie moderne ce que les réflexions sur l'art de Braque et Picasso sont à l'art contemporain. Lévi-Strauss y affirme en effet que la pensée sauvage est une pensée à l'état brut, dénuée de toute fioriture, mais qui va à l'essentiel et mérite tant notre admiration que notre attention la plus soutenue. La parution des *Mythologiques* témoigne de la grande importance qu'il faut, selon lui, accorder à cette pensée, et l'analyse qu'il y développe a d'abord frappé par son incroyable sophistication.

Si la théorie de Lucien Lévy-Bruhl n'est plus très lue aujourd'hui, elle occupe une place importante dans l'histoire de l'ethnologie, où elle a souvent servi comme modèle de ce qu'il ne faut pas faire. Les travaux d'Edward Evans-Pritchard sur la magie, ceux de Lévi-Strauss sur la pensée sauvage ou les études de Jack Goody sur la raison graphique prennent en quelque sorte Lévy-Bruhl pour point de départ, et nous pouvons donc en résumer ici quelques traits essentiels.

L'œuvre Lévy-Bruhl est une réflexion sur les mentalités ou encore les « fonctions mentales ». Selon lui, les sauvages ne voient pas le monde comme nous et, dès lors, ne pensent pas non plus comme nous : « Tout ce que nous voyons leur échappe et ils voient beaucoup de choses que nous ignorons. » Ces différences de perception proviennent en réalité de fonctions mentales spécifiques, et consacrent donc une coupure radicale entre le monde du primitif et celui de la civilisation. Les liaisons entre les phénomènes dépendent en réalité d'une loi générale que Lévy-Bruhl appelle « loi de participation » : ainsi, les objets, les êtres, les phénomènes peuvent être à la fois eux-mêmes et autre chose qu'eux-mêmes. Le mode de pensée des primitifs est régi par une loi de participation entre le monde physique et le monde mystique, et la mentalité des primitifs peut être qualifiée de prélogique.

Si les solutions énoncées par Lévy-Bruhl posent problème, son questionnement ne pouvait être ignoré des ethnologues, et il va servir de fondement à une bonne partie des recherches d'Edward Evans-Pritchard. Ses travaux sur les Azandé, notamment, sont marqués par la question des mentalités. Evans-Pritchard y rejette l'opposition ancienne, que l'on peut faire remonter à James Frazer, entre religion (ou magie) et science. Le professeur d'Oxford montre ainsi que les conceptions magiques des Azandé n'interdisent nullement une connaissance des lois de la nature. La magie tente d'expliquer pourquoi tel événement a lieu, alors que la science se limite au comment. L'exemple classique que donne Evans-Pritchard pour illustrer cette complémentarité est celui d'un grenier qui s'effondre sur un homme tranquillement assis en dessous. Les Azandé n'ignorent pas que le grenier s'écroule en raison de l'activité nocive des termites. Mais cette explication, qui ne dit pas pourquoi il s'affaisse précisément au moment où quelqu'un vient de s'asseoir, ne les satisfait pas. Nous invoquons le hasard ou la malchance pour expliquer ce que nous appelons une coïncidence. Les Azandé, quant à eux, vont plus loin et pensent que la magie permet de rendre compte de cet accident qui n'a rien de fortuit. Selon Evans-Pritchard, dès lors, la raison n'est pas le seul mode de fonctionnement de l'esprit humain et les deux types de mentalité ne se contredisent pas : les pensées mystique et rationnelle coexistent dans toute société en tant que systèmes idéologiques normatifs. Tant que le malheur et l'infortune subsisteront dans le monde, on peut penser que les hommes continueront à faire appel à des explications qui ne relèvent pas de la science.

Lévi-Strauss a lu les travaux d'Evans-Pritchard, mais il ne semble pas vraiment tenir compte des enseignements de ce dernier et sa contribution peut, par certains aspects, apparaître comme une régression. S'il tente, lui aussi, de combler la distance entre le primitif et le civilisé, ce n'est pas en montrant qu'il existe deux modes de pensée complémentaires dans toutes les sociétés humaines. Lévi-Strauss pose, au contraire, que le rationalisme cartésien non seulement est commun à tous les peuples, mais qu'il sous-tend toutes leurs activités et toutes leurs institutions. Ainsi, dans les rares textes où il aborde la question de la magie, Lévi-Strauss ramène celle-ci à une espèce d'activité thérapeutique, somme toute assez proche de la psychanalyse. Loin d'être un exalté vivant dans un état semi-psychotique, le chamane anticipe dans la cure les découvertes de la psychanalyse quant aux mécanismes de fonctionnement de l'esprit humain. Il lui suffit, par exemple, de faire revivre à la parturiente un conflit enfoui quelque part dans son inconscient et l'accouchement difficile peut enfin être mené à bien. L'art, de même, semble davantage mobiliser la raison que les émotions : il pose des problèmes de type intellectuel. Lévi-Strauss conçoit d'ailleurs parfois sa propre production scientifique comme une construction de type artistique.

Pour lui, le sauvage n'est en aucune façon un être inférieur se débattant dans d'insurmontables difficultés matérielles. Bien loin de là, sa simplicité nous révèle avec acuité les mécanismes fondamentaux de la pensée. Ce que Kant et Hegel ont entrepris tout au long de leur œuvre, c'est-à-dire tâcher de rendre intelligible l'expérience humaine, le sauvage le fait, à sa manière, à travers ses mythes. Ceux-ci apparaissent à l'ethnologue français avant tout comme des moyens de résoudre des contradictions. La pensée mythique, affirme Lévi-Strauss dans *La Pensée sauvage*, « peut atteindre, sur le plan intellectuel, des résultats brillants ». Dès lors, seuls des esprits brillants peuvent espérer la pénétrer : « On se prend à déplorer, se lamente-t-il, que tout ethnologue ne soit pas aussi un minéralogiste, un botaniste, et un zoologiste. » À la base de la pensée sauvage, « on trouve une exigence d'ordre » ; et l'homme du néolithique est « l'héritier d'une longue tradition scientifique ».

Le sociologue Pierre Bourdieu a dénoncé avec force les excès de cette démarche dans *Le Sens pratique*, où il écrit : « Sans doute parce qu'il ne connaît et ne reconnaît d'autre pensée que la pensée de "penseur", et qu'il ne peut accorder la dignité humaine sans accorder ce qui lui paraît constitutif de cette dignité, l'ethnologue n'a jamais pu arracher les hommes qu'il étudiait à la barbarie du prélogique qu'en les identifiant aux plus prestigieux de ses collègues, logiciens ou philosophes. » Il n'y a pas place dans les explications lévi-straussiennes pour l'émotion, le merveilleux, l'amour, la joie et la peine. D'ailleurs, si les mythes expliquent quelque chose, on peut se demander si leur raison première est d'ordre intellectuel.

L'ethnologue de Cambridge Jack Goody a critiqué, lui aussi, le rationalisme de Lévi-Strauss. Tout en affirmant rejeter l'idée d'une rupture, qu'il nomme *the great divide*, entre les primitifs et les civilisés, Goody n'en considère pas moins que l'écriture représente une étape fondamentale du développement des sociétés et, en vérité, de la pensée : après le langage, qui marque le passage à l'humanité, l'avancée la plus importante résiderait, selon lui, dans la réduction du langage à des formes graphiques. Il suggère même dans *The Domestication of the*

Savage Mind (*La Raison graphique – La Domestication de la pensée sauvage*, Minuit, 1998) que c'est de l'apparition de l'écriture que dépendent la logique ou les lois de la contradiction ; en d'autres termes, certains processus mentaux sont bien liés à un stade particulier de développement. Experts dans l'addition des coquillages qui constituent la monnaie traditionnelle, les jeunes Lodagaa se révèlent incapables de faire des multiplications et des divisions car ces opérations sont liées à l'existence de tables et donc de l'écriture. L'écriture permet un plus grand degré d'abstraction alors que la pensée indigène est purement concrète : on ne compte pas des animaux de la même manière que des coquillages. Autrement dit, le mot écrit n'est pas une simple amélioration de la parole, il ajoute une dimension essentielle à l'action sociale.

Goody réfute d'ailleurs l'idée émise par Lévi-Strauss selon laquelle des hommes de l'importance de Platon ou d'Einstein ont sans doute existé dans toutes les sociétés, y compris dans les sociétés primitives : une telle vue, souligne Goody, est totalement antihistorique et ignore les facteurs spécifiques, la tradition intellectuelle ou le contexte institutionnel qui sous-tendent l'émergence d'un Einstein. L'intelligence serait donc fonction des conditions socio-historiques. L'approche de Goody se veut par là critique vis-à-vis du relativisme culturel, dont il rejette vigoureusement l'idée de discontinuité et, plus particulièrement, l'affirmation selon laquelle toutes les sociétés connaîtraient des processus intellectuels du même ordre. Il faut, poursuit l'ethnologue britannique, renoncer au relativisme culturel, qui refuse de reconnaître les différences à long terme et regarde chaque culture comme une chose en soi, une entité pour elle-même. Il affirme ainsi que la magie et la science ne sont pas des systèmes de pensée concurrents et équivalents, mais que « le développement de la science et d'un savoir systématique a conduit à une diminution des aspects cosmocentriques de la religion et de la magie ».

C'est, en dernière analyse, l'incapacité du structuralisme à prendre en compte l'histoire comme les transformations du monde que dénonce Goody. La solution qu'offre Lévi-Strauss aux déficiences de Lévy-Bruhl n'est finalement pas vraiment convaincante. Si l'indigène n'est pas irrationnel, on ne peut réduire ses activités à de la rationalité pure. Les désirs d'ordre et d'intelligibilité ne sont pas les seules motivations qui animent les êtres humains. La question demeure aussi de savoir si les activités humaines peuvent se laisser réduire à des systèmes d'opposition sans perdre leur richesse. Pourtant, si elle a cessé depuis longtemps de constituer un modèle crédible, l'œuvre de Lévi-Strauss continuera, pour longtemps encore, à inspirer de nombreux chercheurs.

Robert Deliège est professeur d'ethnologie à l'Université de Louvain-la-Neuve et professeur associé à l'Université de Lille-III. Il a notamment publié Anthropologie de la parenté *(Armand Colin, 1996) et* Introduction à l'anthropologie structurale – Lévi-Strauss aujourd'hui *(« Points Essais »/Seuil, 2001).*

L'interdit de l'inceste et l'exigence de réciprocité

par

Marcel HÉNAFF

Quand, en 1949, paraissent *Les Structures élémentaires de la parenté*, ouvrage hautement technique et spécialisé, des lecteurs inattendus comme Georges Bataille et Simone de Beauvoir expriment aussitôt leur enthousiasme. Ce qui fascine l'auteur de *L'Erotisme* c'est la démonstration selon laquelle la prohibition de l'inceste commande tout le dispositif des alliances matrimoniales, c'est-à-dire de l'exogamie et constitue le seuil différentiel majeur entre sociétés animales et sociétés humaines. Quant à Simone de Beauvoir, alors en plein travail de rédaction du *Deuxième Sexe*, elle trouve dans cette enquête ethnologique une formidable et rigoureuse argumentation concernant les rapports hommes-femmes dans les sociétés pré-modernes, notamment la raison pour laquelle une différence de fonction (les hommes décident des mariages, mais c'est le groupe du mari qui doit dédommager celui de l'épouse) peut se transformer en inégalité de statut. Pourtant, au-delà de ces lecteurs célèbres, ce qui a importé à Lévi-Strauss ce fut l'accueil de son travail par ses pairs anthropologues. Incontestablement ceux-ci reconnurent en cet ouvrage innovateur, un de ces livres qui bouleversent en profondeur une discipline et restent comme la pierre d'angle d'un nouvel édifice théorique.

Mais avant d'en venir au contenu de ce bouleversement, il faut comprendre l'importance de la question de la parenté pour les sociétés traditionnelles. Cela n'a presque rien à voir avec ce que nous entendons aujourd'hui par famille. Dans les sociétés sauvages (surtout celles où n'émerge pas un pouvoir central coiffant les lignages ou les clans) l'organisation fondée sur la parenté se confond quasiment avec l'organisation sociale ; elle définit aussi bien les statuts, les tâches, les hiérarchies, l'autorité. Elle a donc une fonction à la fois familiale, sociale, économique, politique, religieuse. Certes, même dans les sociétés peu différenciées comme celles des chasseurs-cueilleurs, certaines fonctions peuvent se détacher comme celle de chef ou de chamane, elles restent cependant liées à des appartenances claniques ou lignagères. Et même lorsque apparaissent, dans certaines cultures, des formes de pouvoir (comme les royautés africaines) situées au-dessus ou au-delà des groupes de parenté, ceux-ci n'en continuent pas moins de définir l'ensemble des relations sociales. On devine donc facilement l'importance des faits de parenté en ce qui concerne les sociétés traditionnelles : pouvoir en rendre compte c'est tout simplement pouvoir expliquer leur type d'organisation, c'est expliquer -selon tous les niveaux- leur mode d'existence collective.

Les ethnologues du XXe siècle, à la suite de l'œuvre pionnière de l'américain Lewis Morgan (*Systems of consanguinity*, 1871 et *Ancient Society*, 1875) et de celle de l'anglais Edward Tylor (*Primitive culture*, 1871) avaient bien saisi l'importance des relations de parenté et ils avaient commencé à savoir les décrire correctement. Ils n'en demeuraient pas moins perplexes devant leur incroyable diversité, devant la difficulté à les classer et surtout l'impossibilité d'expliquer des faits partout observables et apparemment contradictoires. Tout d'abord le foisonnement de ces formes posait lui-même un problème précisément parce qu'on admettait – et il le fallait bien – l'unité de l'espèce humaine. Ensuite on trouvait presque partout un interdit de mariage entre les cousins parallèles (par exemple pour Ego – terme convenu de référence – ne pas pouvoir épouser les filles du frère du père ou de la soeur de la mère) et au contraire une tendance à favoriser le mariage des cousins croisés (pour Ego pouvoir ou même devoir épouser les filles du frère de la mère ou plus rarement de la sœur du père). Biologiquement la proximité est la même. Comment expliquer cette différence de traitement ? À cela il fallait ajouter l'énigme par excellence, celle de *l'interdit de l'inceste* constaté dans toutes les sociétés ; on ne pouvait qu'en admettre l'importance sans pouvoir en expliquer la raison. Les essais d'explication depuis la fin du XIXe siècle prirent en général la couleur de l'époque et l'époque était à la quête des causalités. Celles-ci étaient de deux sortes : liées au temps et liées à l'espace. Le temps : on supposait un événement survenu dans un lointain passé dont la mémoire s'était perdue mais dont les effets subsistaient jusqu'à nous. L'espace : depuis une source unique le phénomène s'était graduellement répandu en divers lieux de la planète. Bref on expliquait tout par généalogie et diffusion. C'est cela, disait-on, qui avait dû se passer avec le cas du mariage des cousins croisés et de l'interdit portant sur les cousins parallèles. Un événement aléatoire lié à des conditions locales avait suscité une règle qui s'était imposée puis transmise et diffusée dans un grand nombre de sociétés.

Quelque chose aurait donc survécu à la disparition des conditions initiales. Mais dire cela c'est oublier d'expliquer lesdites conditions, c'est omettre de dire pourquoi l'événement supposé premier a lui-même été possible. Car même le dire très accidentel n'est pas une réponse ; il n'a pu devenir normatif et se maintenir dans le temps qu'en répondant à une exigence plus profonde. Reporter la cause très loin dans le passé, lui donner l'autorité d'une origine oubliée est adroit mais illusoire : c'est noyer la cause invoquée dans l'indéfini de la distance temporelle. Or il doit y avoir une raison actuelle à un norme qui est acceptée ou s'impose actuellement. Si elle n'est pas chronologique, elle est logique. Et c'est parce qu'elle est logique qu'elle peut justement traverser les époques et apparaître en divers lieux et s'imposer dans tant de sociétés différentes. Elle est une relation invariante entre des termes, c'est-à-dire une *structure*. La nouveauté profonde de l'explication proposée par Lévi-Strauss ce fut de montrer que, précisément, l'interdit de l'inceste relevait d'une logique et était au cœur des dispositifs de parenté. Mais quelle logique ?

Avant d'y répondre il faut savoir quelles étaient les théories alors régnantes au sujet de la prohibition de l'inceste. Elles étaient de trois sortes. La plus ambitieuse peut être dite biologique. En fait, c'est la plus fragile : elle suppose que l'interdit de l'inceste chez les humains est inscrit dans un programme naturel pour parer à un risque de dégénérescence ; or cela ne correspond en rien à ce que l'on observe dans les autres espèces où c'est au contraire la reproduction endogamique qui assure la stabilité des lignées et des types. Dans l'espèce humaine, au contraire, c'est la pratique immémoriale de l'exogamie qui rend l'endogamie génétiquement dangereuse. Quant à l'évitement chez les grands singes entre jeunes mâles et femelles issues de la même mère, on sait mieux maintenant qu'il tient d'abord au contrôle des mâles dominants veillant à écarter les concurrents, non à une régulation anti-incestueuse, puisque ces dominants mêmes l'ignorent. Une seconde explication très répandue est de type psycho-culturelle : le tabou viendrait de la trop grande proximité des consanguins ; ce qui inhiberait le désir. L'ennui avec cette théorie est double : tout d'abord parce qu'aucune société ne prend la peine d'interdire ce que personne n'a envie de faire. Ensuite c'est qu'avec les mêmes données on a pu construire l'argument contraire : la proximité serait justement ce qui alimente le désir (telle est la position de Freud proche en cela des sagesses traditionnelles, ainsi selon un proverbe Azandé : « L'envie de femme commence à la sœur »). Reste une troisième type d'explication d'ordre socio-historique : il y aurait eu à l'origine un rapt des femmes qui se serait transformé en décision de les céder de manière pacifique ; mais cette supposition n'est documentable que dans quelques cas ; autre hypothèse (due à Durkheim), il y aurait au départ un interdit religieux portant sur le sang menstruel, interdit étendu au sang clanique. Mais cela également n'a été démontré que sur des cas isolés – or l'interdit est universel ; de plus la raison du maintien de l'interdit de l'inceste quand celui du sang a disparu reste inexpliquée.

La dernière explication a au moins le mérite de s'en tenir au principe selon lequel un fait social a sa raison d'être dans la société. Or que nous montre le fait de l'interdit de l'inceste ? C'est l'obligation d'exogamie. Le lieu du problème doit être aussi celui de la réponse. Exogamie veut dire que les jeunes femmes du groupe ne peuvent pas devenir les épouses de leur consanguins -pères ou frères-. Ceux-ci doivent les céder à un groupe différent (tels un autre clan ou une autre moitié). En revanche, ils savent que des épouses leur viendront en retour de cet autre groupe. De quoi s'agit-il dans cet échange réciproque ? Il s'agit comme le dit Lévi-Strauss se référant à l'*Essai sur le don* [1925] de Mauss d'un rapport fondamental de don/contre-don qui est propre aux sociétés humaines ; il marque l'émergence de la société comme institution (et pas simplement comme groupe de vivants). La nature prescrit l'union des sexes pour la reproduction, rien de plus. La société humaine commence avec l'apparition de la règle ; celle-ci décide quelles unions sont permises et lesquelles sont prohibées. Dire que l'initiative de l'union est retirée aux consanguins c'est dire qu'elle est confiée au groupe social comme tel. Lévi-Strauss l'énonce très fortement : « Le rôle primordial de la culture est d'assurer l'existence du groupe comme groupe et donc de substituer, dans ce domaine comme dans les autres, l'organisation au hasard. La prohibition de l'inceste constitue une certaine forme d'intervention. Mais avant tout autre chose elle est intervention ; plus exactement elle est l'Intervention. » Ce qui veut dire que le critère d'humanité se manifeste dans l'*alliance*, dans le rapport institué de Soi à Autrui, du Ici au Là-bas, du Même et de l'Autre. On peut dire (même si ce ne sont pas là les termes de Lévi-Strauss) que la société humaine émerge et se maintient par ce *processus de reconnaissance réciproque* que le don/contre-don exprime et assure. On peut ajouter à l'appui de la thèse de Lévi-Strauss et en se référant aux travaux récents d'éthologie que dans les groupes variés d'animaux on se reconnaît par des formes, des postures, des odeurs, des sons mais que seul l'homme le fait en donnant à l'autre un présent comme *gage* et *substitut* de soi. Tel est le geste du symbolisme (littéralement du « mettre ensemble »), le pacte implicite qui institue le groupe humain comme tel. Le don de l'épouse à l'autre groupe est, de ce point de vue, « la règle du don par excellence » (*Structures élémentaires de la parenté*, p. 552).

La prohibition de l'inceste est donc la clef de voûte de l'échange exogamique, cette institution qui indexe la reconnaissance réciproque sur la reproduction du groupe. Cette prohibition n'est donc ni d'ordre moral (même si elle le devient dans nos sociétés) ni d'ordre biologique (même si son non-respect est devenu génétiquement dangereux). Elle est d'abord une *règle positive de réciprocité*. Si bien que sera considéré comme « incestueux » tout acte qui reviendrait à garder pour soi des biens (nourritures, boissons, objets précieux) destinés au partage ; il n'est pas bon dans les fêtes polynésiennes de « manger à son propre panier » pas plus qu'au Japon on ne se sert soi-même le saké : on se l'offre les uns aux autres. Toutes nos civilités et nos festivités sont pleines de cette remarquable logique.

À partir de cette argumentation Lévi-Strauss a pu reprendre sur de toutes nouvelles bases l'ensemble du problème de la parenté, ou plus exactement de ses structures élémentaires. L'anthropologie anglo-saxonne (celle qui avait produit le plus gros effort de recherche de terrain depuis la fin du XIXe siècle) avait essentiellement développé des hypothèses et des constructions autour des problèmes de la *filiation* (sans doute parce que c'était aussi ce qui dominait dans nos propres sociétés : généalogies et droits de transmission). Lévi-Strauss redistribue les cartes à partir de la question de l'*alliance* et se donne ainsi les moyens de repenser avec deux sexes et trois types de relation – alliance, filiation et consanguinité – tous les systèmes élémentaires de parenté. Chaque type de relation reste spécifique ; mais faute de comprendre ce qui fonde l'alliance – l'interdit de l'inceste – on manque le principe explicatif de la filiation elle-même et on ne comprend pas non plus les degrés de consanguinité.

Précisément la fameuse question des *cousins croisés* et des *cousins parallèles* trouve maintenant une explication cohérente ; la réponse est la même que le système soit patri-linéaire ou matri-linéaire ; prenons ce dernier cas : pour Ego -notre jeune homme de référence- ses cousines issues de la sœur de sa mère sont de la même lignée, donc dites « parallèles », mais celles issue du frère de sa mère lui-même marié à une femme d'un autre groupe, elles sont d'une autre lignée matri-linéaire, donc dites « croisées » ; elles sont donc extérieures à la lignée d'Ego et pour cela offertes à la réciprocité exogamique. L'interdit de l'inceste porte donc bien sur les partenaires impropres à la réciprocité. Dans l'autre cas on a au contraire le mariage préférentiel.

De même sans ce modèle on ne comprendrait pas la relation très particulière qui existe dans beaucoup de sociétés matrilinéaires entre l'oncle maternel et son neveu. C'est parce que cet oncle est le frère de la mère qu'il est considéré comme celui qui l'a donnée au nom de son groupe au père d'Ego -notre neveu-. Cet oncle c'est le *zio* des italiens, soit la même racine que le *zeus* grec : figure du grand Donateur. Cela éclaire ce que Lévi-Strauss a appelé l'*atome de parenté*. L'anthropologie traditionnelle tenait pour évidente que l'élément de base de la parenté était le groupe biologique parents/enfants. Lévi-Strauss démontre que socialement (ou culturellement) le groupe élémentaire comporte un homme (symbole ---), une femme (symbole O) et un représentant du groupe qui a cédé celle-ci ; dans beaucoup de sociétés traditionnelles ce représentant est le frère de l'épouse, d'où le graphe général incluant les rapports d'alliance (symbole =) entre donneurs et receveurs d'épouses ; les rapports de consanguinité (symbole ---), entre germains ; et rapports de filiation (symbole |) entre générations : parents/enfants ; oncles, neveux, etc. D'où le graphe de ce modèle général :

Δ = O--- Δ
  |
Δ---O

Ce qui veut dire que le couple est d'abord un fait d'alliance entre deux groupes. C'est un système à trois termes : époux-épouse-donateur. Donc un fait de réciprocité (entre donateur et donataire grâce à l'être donné). Telle est la relation d'alliance qui se module en fonction des rapports de consanguinité (plus ou moins étendus, souples ou intenses) et des rapports de filiation (matri-, patri- ou pluri-lináires) ; bien d'autres constantes peuvent apparaître dans le système des *appellations* et des *attitudes*, telle celle-ci : « La relation entre oncle maternel et neveu est, à la relation entre frère et sœur, comme la relation entre père et fils est à la relation entre mari et femme. Si bien qu'un couple de relations étant connu, il sera possible de déduire l'autre » (*Anthropologie Structurale*, p. 51-52). Il s'agit de modèles, non de lois au sens strict. Ces modèles subissent de considérables variations selon les groupes et les époques. Mais avoir montré l'insistance du modèle sous les variations est certainement un des apports majeurs de l'approche structurale de Lévi-Strauss.

Il s'agit là bien sûr des structures élémentaires de la parenté (dont ce bref exposé ne peut donner qu'une modeste idée). Dans nos sociétés à structures complexes où les choix du conjoint sont potentiellement illimités, l'interdit de l'inceste présenté comme une obligation morale sanctionnée par la loi n'en reste pas moins d'abord lié à l'exigence que le cercle familial ne se referme pas sur lui-même et surtout se comprenne dans le réseau des relations à toute la société comme lieu où nous reconnaissons les uns les autres.

Marcel Hénaff, philosophe et anthropologue, est professeur à l'Université de Californie à San Diego. Il a étudié l'ethnologie à l'Université d'Abidjan, et a enseigné dans les universités de Copenhague, Johns Hopkins, Kyoto. Auteur de Sade, l'invention du corps libertin *(PUF, 1978 ; trad. esp. et angl.),* Claude Lévi-Strauss et l'anthropologie structurale *(Belfond, 1991, Pocket, 2000 ; trad. angl.) ;* Public Space and Democracy *(avec Tracy Strong, University of Minnesota Press, 2001) et* Le Prix de la vérité, le don, l'argent, la philosophie, *Seuil, 2002 (trad. angl et allem. en cours) ;* La Ville qui vient, *L'Herne, 2008 ;* Le Don des philosophes, *L'Herne, sous presse.*

Chamanes et esprits : aux frontières du contre-monde

par

Bertrand HELL

Ces chamanes qui prétendent soigner en voyageant dans les mondes invisibles ? Il n'y a là pour tout rationaliste inspiré par les Lumières que « fumisterie », selon l'expression de Johann Georg Gmelin, savant allemand du XVIIIe siècle confronté à un rituel toungouse. Et c'est au nom de la même raison, d'État ou d'Église, peu importe, que se mèneront les combats contre l'obscurantisme. Non seulement l'idéologie positiviste niera l'existence des savoirs indigènes, mais elle entreprendra contre eux de véritables campagnes d'éradication par la violence. Quelques travaux s'emploieront cependant à briser ce carcan de stigmatisation. L'exemple le plus célèbre, paru en 1951, est incontestablement *Le Chamanisme et les techniques archaïques de l'extase* de Mircea Eliade, qui se propose de réhabiliter le chamanisme. Son point de vue d'historien des religions est loin de faire l'unanimité chez les ethnologues, et le succès durable de son livre s'explique surtout par la véritable fascination qu'exerce le chamanisme extatique dans certains milieux de la contre-culture occidentale depuis les années 1960 (thérapies alternatives, *new age*, etc.). La perspective de Mircea Eliade reste inscrite dans le droit-fil de cette idée d'une « participation mystique » chère à Lucien Lévy-Bruhl. Certes, nous sommes ici aux antipodes dans l'échelle des jugements de valeur, mais les savoirs chamaniques ne ressortissent toujours pas à une réelle rationalité. En postulant l'existence d'un sacré ontologiquement transcendant qui se révélerait à travers l'expérience extatique directe, Mircea Eliade interdit en définitive d'appréhender le chamanisme comme un système symbolique qui analyse, distingue, combine et oppose selon une logique propre. Pour l'ethnologie moderne, en revanche, le chamanisme, tout comme la magie ou la sorcellerie, sort de l'ornière des croyances pour devenir un objet d'étude capable de révéler la vision écologique des sociétés non occidentales.

La Sibérie et la Mongolie sont quelquefois perçues comme le berceau du chamanisme (*çaman* est un mot toungouse). La similitude des phénomènes a pourtant invité les chercheurs à retenir ce terme bien au-delà de l'aire originaire. Tous les chamanismes partagent en effet une conception identique de l'équilibre cosmique. Des forces agissantes sont constamment à l'œuvre dans l'univers, à tous les niveaux. Au cœur de l'être humain, l'âme – on en dénombre jusqu'à quatre chez les Sioux – influe fortement sur le devenir du corps : elle peut le quitter et voyager dans les strates cosmiques, être dévorée ou retenue prisonnière ou, au contraire, se voir revitalisée. Dans la nature, toutes les choses créées, des minéraux aux animaux en passant par les éléments (le vent, l'eau...), sont dotées d'une essence propre synonyme d'énergie et de pouvoir. Cette puissance émanant du naturel est inégalement concentrée ; voilà pourquoi le chamane des Wayapi d'Amazonie privilégie la force de vie de l'anaconda plutôt que celle du tapir pour accroître l'efficacité de ses rituels, tandis que le Mongol cherche à capter celle de l'élan en rut pour l'introduire dans ses accessoires cérémoniels. Enfin, les hommes doivent composer avec ce contre-monde que constituent les nombreuses entités surnaturelles cohabitant sur terre avec eux. Quelle que soit leur nature (ancêtre, génie, etc.), toutes ces entités se révèlent puissamment actives et influent sur la vie des humains. La réalité de leur présence renvoie plus à un fait d'expérience qu'au registre de la croyance religieuse. Chacun peut vérifier au quotidien le caractère vital de la relation établie avec ce contre-monde aux lois étranges.

C'est ici que se situe le point nodal de la pensée chamanique. Façonné par un créateur désormais indifférent aux affaires terrestres, l'*ordo rerum* repose sur un équilibre fragile. La transgression des interdits, la souillure, le recours à la sorcellerie viennent menacer en permanence la bonne circulation de cette force vitale dont toutes les créatures – humains, esprits ou animaux – ont besoin. Les lois de l'interaction conditionnent la perpétuation de la société. Toute rupture du circuit d'échanges se traduit par l'irruption brutale du malheur, de l'infortune : raréfaction du gibier, cataclysme, famine, épidémie. Au tout premier chef, la fonction chamanique peut être définie comme une gestion de l'aléatoire. Le chamane occupe de ce fait une place centrale dans les sociétés de chasseurs-cueilleurs dont la dépendance au milieu nourricier est totale. C'est pourquoi certains préhistoriens n'hésitent pas à établir le chamanisme comme première religion de l'humanité, à l'époque des chasseurs paléolithiques.

Cette vision du monde se révèle néanmoins capable de survivre aux bouleversements technico-économiques. Ni l'adoption de l'élevage chez les Bouriates, ni celle de l'agriculture chez les Saora d'Inde ou les Magar du Népal n'ont entraîné la disparition du chamanisme dans ces sociétés. L'incertitude cynégétique pèse moins lourd, certes, mais l'infortune reste toujours le triste lot des humains. La gestion de l'aléatoire se focalise désormais sur le malheur que représentent les maladies réfractaires, les morts inexpliquées ou les catastrophes, à l'exemple de cet accident d'un avion de la Korean Airlines en 1983 qui nécessita l'intervention du chamane : il s'agissait de marier dans l'au-delà les victimes célibataires afin qu'elles ne se transforment pas en « mal-morts » nuisibles. Dans les sociétés contemporaines, la fonction chamanique s'est transformée (féminisation, prééminence de la dimension thérapeutique...), mais sa finalité première demeure inchangée : réparer le désordre.

Le statut tout à fait particulier du chamane livre une clé privilégiée pour comprendre une symbolique du désordre reposant sur le principe d'une gradation. Celle, d'une part, de la puissance ambivalente des esprits, de la dangerosité des espaces qu'ils parcourent et de la gravité du malheur provoqué. Mais gradation, aussi, de la compétence des différents praticiens selon une hiérarchie basée sur leurs positions respectives vis-à-vis du sauvage. Chez les Sioux, seuls ceux qui ont été frappés par la foudre et sont prêts à plonger leurs mains dans l'huile bouillante osent invoquer l'Oiseau Tonnerre.

Par leur nature, les puissances du contre-monde ne sont ni bonnes ni mauvaises. Pour peu qu'ils aient été identifiés, la plupart des esprits sont des forces qui peuvent être rendues propices. Toutefois, leur ambivalence rend dangereux le contact avec elles, et cette dangerosité croît en fonction de leur sauvagerie. Le monde des génies au Maroc apporte une parfaite illustration de cette idée. Lorsqu'ils se manifestent sous la forme de pigeons, d'abeilles ou de chevaux, les génies incarnent des entités plutôt bien disposées. Leurs pouvoirs se révèlent cependant limités, sans commune mesure assurément avec ceux que détiennent ces « Noirs » inquiétants surgis du désert ou de la forêt. Des rituels relativement faciles à conduire permettent d'appeler les génies domestiques, alors que les autres requièrent un culte transgressif des plus occultes.

Chaque catégorie d'esprits se voit donc associée à un type d'espace. Le paysage de l'invisible se définit sous la forme de cercles concentriques emboîtés autour du village. Plus on s'éloigne de la sphère du domestique, plus on s'aventure dans un contre-monde inquiétant. Pour les Touareg, le désert n'est pas une immensité uniforme. Dans les territoires situés à l'écart des parcours de nomadisme rôdent les génies les plus craints, appelés « Ceux du Vide ». Et les habitants du Yaghestan expliquent l'absence d'une haute tradition chamanique dans leur société par le fait qu'à la différence de leurs voisins les Kalash, ils habitent trop loin de ces hauts glaciers où séjournent les esprits les plus puissants. L'origine des maladies comme les tableaux symptomatologiques renvoient très précisément à cette géographie. Les forces émanant du sauvage font dépérir les victimes en suçant leur sang ou en dévorant leur âme, tandis que les génies proches manifestent leur courroux en provoquant des troubles plus bénins (syncopes, phobies alimentaires, paralysies partielles...). Les agressions gravissimes portent une signature lisible ; le malade est frappé d'une inhumanité croissante. Courir la nuit dans les cimetières pour y déterrer les cadavres, éprouver une pulsion irrépressible pour le sang, dégager soudainement des odeurs de pourriture : voilà des indices qui, universellement, laissent augurer d'une issue fatale (mort ou folie) si le chamane n'intervient pas. Dans de tels cas, le recours à un guérisseur ordinaire ne suffit pas.

Ce pouvoir exclusif détenu par le chamane se cristallise autour de son costume et de ses instruments rituels. Chez les Toungouses, l'allié des esprits revêt la coiffe portant une ramure de cervidé et enfile une peau chamoisée garnie de dépouilles animales, tandis que celui des Desana d'Amazonie se grime très soigneusement en jaguar. Point ici de simples artifices identitaires ! Dans les années 1980, à la fin de sa vie, le grand chamane sibérien Tubiaku refuse désormais de soigner les maladies les plus graves : sans costume ni tambour (vendus au musée), il ne peut plus travailler qu'avec des esprits proches.

Cette familiarité avec le sauvage résulte d'une élection dont le chamane porte les marques au plus profond de son être. Lui-même a été agressé et s'est vu infliger mille tourments. Le chamane des Salish (Canada) a erré « comme fou » dans les endroits les plus reculés en se mutilant et en délirant sous le choc de ses visions. Plus cette période a été longue et douloureuse, plus les pouvoirs magiques attribués sont importants. Car il s'agit bien d'une maladie chamanique, c'est-à-dire d'une initiation infligée par le contre-monde. Ce principe de la métamorphose par la maladie trouve son point culminant dans les multiples traditions du dépeçage et de la renaissance de l'élu. Chez les Inuit, les chamanes novices ne peuvent obtenir le squelette « lumineux » attirant les esprits qu'après avoir été dévorés par des vers au fond d'une grotte de glace. Ce n'est qu'au prix de cette transformation qu'une véritable alliance est nouée avec des entités aussi versatiles et dangereuses.

Pour communiquer avec ces forces du sauvage, voire les incorporer, le chamane doit partager un peu de leur redoutable nature. Cette idée éclaire l'un des moments clés du rituel chamanique, celui où l'officiant s'ensauvage jusqu'à la rage. Cette furie a beaucoup frappé les premiers observateurs qui, tout à leur stupeur, n'en ont pas perçu la dimension rituelle, c'est-à-dire contrôlée et théâtralisée. Lorsque le chamane des Magar, apparemment en proie à la plus grande confusion, renverse et piétine le brasero de fer, il ne s'agit pas d'un acte gratuit. Ce trépied renferme les âmes des ancêtres, que ce geste oblige à se manifester. On pourrait citer à foison de tels exemples ethnographiques, qui concernent aussi les cultes de possession. Car sur cette idée cardinale d'une relation directe – par incorporation ou grâce au voyage de l'âme – avec le contre-monde, rien ne différencie de fait les deux systèmes rituels.

Les diagnostics d'« hystérie arctique » – pour les chamanes circumpolaires – ou bien de « schizophrénie » établis au début du XXe siècle reposent sur des observations menées à la hâte. Le concept psychopathologique de transe n'est guère plus pertinent, car une véritable perte de conscience enfreindrait le cours normal du rite. Au Maroc, les Gnawa évoquent la « lucidité active », seul état permettant à l'initié de se taillader impunément la langue et les bras avec un couteau tranchant. Le contact direct avec l'invisible relève d'un long apprentissage – réel, même si seule l'élection est mise en avant ! –, et l'initié respecte un modèle de conduite très précis. Nonobstant, un courant de l'ethnopsychiatrie, à la suite notamment de Georges Devereux, s'attache toujours à associer chamanisme et état psychotique. En se focalisant exclusivement sur le psychologique, ce point de vue fait l'impasse sur la manière dont se définit, sur le plan tant social que symbolique, la légitimité de la fonction chamanique.

Les cérémonies mettent en scène un authentique acte de méta-communication, car la parole de l'allié des esprits n'est légitime qu'à la condition que soit démontrée l'origine extrahumaine des messages délivrés (diagnostics, sentences, types de cure). Mais le chamane n'est pas autre uniquement durant le temps du rituel. Cette condition d'allié semble lui imposer de partager quelque peu la nature déviante des forces du contremonde. L'exemple des Contraires d'Amérique du Nord s'impose ici. Reconnus comme les plus puissants de leurs chamanes par les Zuni ou les Sioux, les alliés de l'Oiseau Tonnerre effectuent les gestes courants à l'envers. Ils grelottent en été, sortent nus en hiver et se lavent avec de la boue. Et surtout, ils bravent les interdits, buvant leur urine et profanant les objets sacrés. Ils n'hésitent pas à venir perturber les cérémonies religieuses et à danser à contresens. Bref, comme les Gnawa qualifiés d'« asociaux » au Maroc ou les chamanes jugés « bizarres » par les Kalash, les Contraires se montrent étranges et différents. La familiarité avec le sauvage les situe aux marges de l'ordre établi.

Cette altérité se décline sur tous les plans, y compris celui d'une sexualité hors norme. L'ambiguïté sexuelle inhérente au chamanisme et à la possession transparaît à travers de multiples témoignages ethnographiques (bisexualité chez les Guajiro ; travestissement en Sibérie ; zoophilie rituelle chez les Inuit). Pour interpréter ce trait, il faut évoquer l'idée d'un « troisième sexe ». L'allié des esprits change en effet de sexe comme il joue de ses identités multiples. Sa vocation l'amène à chevaucher les frontières ordinaires afin de conjuguer les propriétés inhérentes à chaque genre, à chaque condition. Il doit transcender les catégories sexuelles comme il transgresse les barrières apparentes entre les mondes (visible/caché) et entre les états (humain/animal ; vie/mort).

La fonction de passeur entre les mondes comporte nécessairement une dimension subversive. Cette position ambiguë explique l'extrême ambivalence du sentiment général à l'égard du chamane. Puissant mais redouté, reconnu comme efficace mais stigmatisé. Telle est bien l'image du mudang coréen comme du voyant guérisseur gnawa ou de la Mère-de-Saint cubaine. Si l'on fait appel à eux pour réparer le désordre, ils restent des exclus rejetés dans la couche la plus basse de la société. Cette méfiance se trouve bien sûr renforcée par les accusations de sorcellerie qui planent sur eux en permanence. Car qui peut assurer que, dans sa négociation avec des esprits assoiffés de sang, leur protégé ne joue pas un double jeu en leur fournissant des victimes humaines ? Voilà pourquoi, en Sibérie comme en Océanie ou en Amazonie, il n'est pas rare que le chamane accusé d'être un sorcier se voie banni, voire mis à mort par son propre groupe.

Étroitement associé à l'aléatoire et à la transgression, le chamanisme n'a jamais donné naissance à une Église. Le chamane ne peut devenir un clerc. Toutes les tentatives pour institutionnaliser le chamanisme se sont soldées par des échecs, comme en Mandchourie en 1911 lorsqu'il fut question de créer une religion chamanique d'État. La raison est à rechercher dans un non-dogmatisme idéologique qui rend impossible toute codification définitive. Fixer des canons serait contraire aux idées d'un désordre récurrent, d'un inconnu toujours prêt à se manifester.

De fait, il a bien fallu que Dyukhade, le grand chamane sibérien, sache faire face dans les années 1930 au terrible Esprit de la Variole qui décimait des clans entiers. En Afrique de l'Ouest, à la même époque, les cultes de possession ont dû composer avec les effrayants génies hauka liés au fer et au feu – parmi lesquels Génie Locomotive, Génie Gouverneur, Génie Caporal – apparus dans le sillage de la colonisation. Cette absence de dogme se traduit par une étonnante flexibilité ; le chamanisme a su se fondre dans les grandes religions dominantes, que ce soit le bouddhisme en Mongolie et en Asie du Sud-Est, le christianisme en Amérique du Sud ou l'islam en Asie centrale.

Perceptible aussi bien dans la plasticité des représentations de l'invisible que dans le pragmatisme des rites, ce bricolage chamanique constitue un gage efficace d'adaptation à la modernité. L'évolution actuelle du chamanisme amazonien en apporte une illustration frappante. Dans toutes les villes de la région, d'extraordinaires rituels, totalement métissés, sont apparus ces dernières décennies et connaissent une popularité qui ne cesse de grandir. À partir d'un socle indien, ces cultes mêlent divers éléments tirés aussi bien du catholicisme populaire, du spiritisme, de l'évangélisme protestant que de traditions néo-africaines.

Le chamanisme plus ancienne religion de l'homme ? En réalité, son intérêt anthropologique est ailleurs. Sa grande adaptabilité montre surtout combien la pensée sauvage reste une manière essentielle de penser un monde dont ni la science ni la modernité n'arrivent à gommer la dimension aléatoire.

Bertrand Hell est professeur d'ethnologie à l'Université de Franche-Comté. Il a notamment publié Possession et Chamanisme – Les maîtres du désordre *(« Champs »/ Flammarion, 2002) et* Le Tourbillon des génies – Au Maroc avec les Gnawa *(Flammarion, 2002).*

L'anthropologie est une anthropophagie

par

Mondher KILANI

« Voilà des hommes bien sauvages ; car ou il faut qu'ils le soyent bien à bon escient, ou que nous le soyons ; il y a une merveilleuse distance entre leur forme et la nostre » (*Essais*, livre I, chapitre XXX, « Des cannibales »). Par cette formule, Montaigne désire nous faire entrevoir deux mondes opposés en prenant bien soin de ne pas prétendre que l'autre est égal à moi-même, mais plutôt que je ne suis pas l'autre, et que je me comprends par rapport à lui comme un autre possible. L'allégorie du « bon sauvage » noble, vertueux, chevaleresque, éloquent, courageux et libre lui permet de dévoiler, par contraste, la sauvagerie des mœurs de ses contemporains, notamment de la noblesse qui aurait perdu ses valeurs essentielles. La curiosité de l'auteur des *Essais* pour les Brésiliens actualise, par le truchement du Nouveau Monde, le paradoxe de la « servitude volontaire », si chère à son ami La Boétie. Chez lui en effet, le scandale du prisonnier sauvage que l'on mange après l'avoir tué recule devant celui de l'ennemi confessionnel que l'on dévore vivant ou que l'on jette aux chiens et aux pourceaux. Le modèle d'un homme valeureux et libre qui se construit à travers la guerre et le sacrifice sanglant déclasse, à ses yeux, celui d'un homme servile soumis à la volonté et aux forces des puissants.

Plus près de nous, Claude Lévi-Strauss imagine lui aussi deux types de sociétés bien contrastées. Celles qui pratiquent l'anthropophagie dans le but de neutraliser, voire de mettre à profit, les forces des individus qu'elles absorbent ; et celles qui, comme la nôtre, adoptent l'anthropémie, autrement dit qui vomissent les êtres qu'elles redoutent, les expulsant hors de soi, en les tenant temporairement ou définitivement éloignés du corps social. Selon l'auteur de *Tristes Tropiques*, cette « coutume » susciterait chez la plupart des sociétés que nous appelons primitives une horreur profonde et dénoterait à leurs yeux la même barbarie que nous serions tentés de voir dans certaines de leurs coutumes. Ici, l'anthropophagie est utilisée par Claude Lévi-Strauss comme élément de comparaison visant à exprimer la mauvaise conscience d'une société occidentale qui a produit des ethnologues dans l'espoir que les autres sociétés « réfléchiront les mêmes tares ou l'aideront à expliquer comment les siennes se sont développées dans son sein ». Notre société lui apparaît comme particulièrement ogresse non point par hasard, car, « n'en eussions-nous pas été et n'eussions-nous pas, dans ce triste concours, mérité la première place, l'ethnographie ne serait point apparue parmi nous : nous n'en aurions pas ressenti le besoin ». Voici donc l'aveu final de Lévi-Strauss : l'ethnographie elle-même est une anthropophagie, mais de cette qualité particulièrement redoutable qui caractérise les ogres ! Elle est au service d'une société prédatrice qui, au lieu d'apprécier et d'ingérer les différences pour s'enrichir, comme dans le cannibalisme sauvage, les broie et les rejette pour se conforter dans l'identique.

Dans *L'Archéologie du savoir*, Michel Foucault relève l'enracinement de l'anthropologie dans une possibilité qui appartient en propre à l'histoire de la culture occidentale. Selon le philosophe, elle est née du rapport particulier que la rationalité et l'historicité occidentales ont établi avec toutes les autres sociétés. Elle est soutenue par une raison classificatoire qui répartit les diverses humanités et les diverses temporalités selon la même échelle de ressemblances et de différences. Nous pourrions dès lors en conclure que la comparaison qui sous-tend le travail anthropologique n'est pas à considérer comme une simple mise en rapport de deux termes neutres, « eux » et

« nous ». Elle est plus que cela. Elle est entre eux et nous qui parlons d'eux.

C'est, en effet, à partir de mon lieu culturel – de la bonne image que j'ai de moi-même – que je projette l'universalisable. Quoi de plus « naturel » que d'identifier l'universel à celui qui dit l'universalité ? L'hégémonisme « naturel » dans l'ordre du discours tire sa légitimité du fait qu'il en édicte lui-même les règles. C'est toujours notre société qui définit le cadre général par rapport auquel les autres sont situés. L'universalisme particulier n'entend l'égalité que comme égalisation des identités au profit de l'identité dominante. Il évalue l'ensemble de l'humanité selon des critères qui sont toujours favorables aux conceptions occidentales, comme l'est l'idée même d'universalité.

La référence universaliste qui, par exemple, guide aujourd'hui l'action et la perception américaines du monde ne correspond pas à un universalisme ouvert et critique, lequel affirme partout les mêmes droits et les mêmes devoirs, partout une seule et même humanité devant profiter des mêmes aspirations, des mêmes possibilités, des mêmes libertés et des mêmes droits. La conviction d'une sorte d'adéquation entre la société américaine et un universel qui serait incarné dans une « nature » humaine – représentée par les valeurs du marché, de la libre entreprise et d'un Dieu régulateur suprême de ces lois « naturelles » – enferme le reste de l'humanité dans la fatalité d'une histoire étriquée, d'une histoire unique guidée par les États-Unis. Devenir américain est l'avenir proposé à tous les autres, placés de gré ou de force dans la sphère de dépendance de l'empire. Mais en même temps, les détenteurs de la puissance mondiale ont multiplié les obstacles pour empêcher ces autres de devenir le même.

L'universalisme a paradoxalement besoin du particularisme. L'Amérique assume son universalité et son omniprésence en entretenant les particularités des autres. Elle doit chercher par tous les moyens à constituer avec eux une relation asymétrique afin d'éviter toute rencontre dialogique qui remettrait nécessairement en cause son monopole du discours légitime, ce discours monologique réputé vrai et accomplissant la destinée de l'humanité. L'histoire universaliste du monde prouve ainsi qu'elle n'est qu'une version particulière de l'histoire, le produit d'une histoire singulière qui prétend se déployer à l'échelle universelle.

La prégnance de ce modèle est telle que, même hors de ses frontières, l'Amérique, et plus largement l'Occident, vit et s'universalise selon des images mythiques, au point que cette histoire mythique ne prend même pas soin de se démarquer comme une histoire locale, mais se présente comme une narration universelle du progrès et de la liberté. L'Occident, c'est l'histoire, et les autres y sont intégrés en termes occidentaux. Ils étudieront l'histoire de l'Europe et de l'Amérique afin d'identifier l'émergence et la cristallisation des universaux – l'humanité, la démocratie, le règne de la raison, de la science et de la modernité –, qu'ils y adhèrent ou s'y opposent finalement.

L'idéologie universaliste moderne dénote, de ce point de vue, moins la réalité d'un état du social que la perception faussement égalitaire du rapport social. L'anthropologie tire sa condition de possibilité de cette même idéologie, de cette même forme socioculturelle particulière – qui pourtant se nie comme telle dans l'universalisme qu'elle professe. Formuler l'universel à partir d'un point de vue particulier : tel est le paradoxe sur quoi se fonde l'anthropologie. Comment le lever ? L'anthropologie devrait-elle rejeter en bloc la référence universaliste, ou devrait-elle la modifier dans le sens d'une reconnaissance de sa contingence historique, et donc de la possibilité d'une rencontre dialogique avec les autres régimes d'historicité ?

Dans ce dessein, il est utile de continuer à se situer dans le modèle alimentaire, mais en renonçant cette fois à la métaphore de la destruction, caractéristique de l'anthropophagie en tant que pratique à sens unique, pour privilégier celle de l'ingestion dynamique, autrement dit le cannibalisme, structure dialogique par excellence. La métaphore alimentaire conçue comme absorption d'aliments pour assimiler leur substance, plutôt que comme simple manducation, peut être appliquée à l'anthropologie, et plus généralement au modèle universaliste, pour au moins trois raisons.

Elle souligne, en premier lieu, que la connaissance anthropologique – et donc la référence universaliste – ne doit pas procéder uniquement d'une vision portée sur l'autre. Le savoir fondé essentiellement sur une rhétorique du regard a pour particularité de disjoindre et de séparer l'observateur et l'observé, la description et l'interprétation, le spécifique et le général, alors que le modèle alimentaire manifeste la tendance inverse : lier le sujet et l'objet, l'observation et les circonstances de l'observation, le particulier et l'universel.

Deuxièmement, une épistémologie du regard met en avant un observateur omniscient, engagé dans une observation prétendument neutre présupposant l'existence de son objet, avatar scientifique de l'idéologie universaliste triomphante et sûre d'elle-même, alors qu'une épistémologie constructiviste, fondée sur la métaphore alimentaire, souligne la dimension relationnelle et interactive de la connaissance. La connaissance anthropologique est au moins en partie le produit d'une collaboration active, d'une interaction dialogique, et les concepts qu'elle élabore sont des concepts métis résultant d'une négociation entre les points de vue des cultures en question. Une telle approche ferait justice, par exemple, de la fameuse thèse du choc des civilisations qui oppose terme à terme les cultures, censées être fermées les unes aux autres et en position concurrente, et soulignerait au contraire la gémellité, cette identité secrète existant entre les opposés, cette identité qui se forge dans la rivalité entre deux mêmes et que le philosophe René Girard appelle « mimétique ».

Enfin, la métaphore anthropophagique souligne la nature du projet anthropologique en tant qu'articulation subtile de l'identique et du différent, du même et de l'autre – ou, pour le dire dans les termes de Victor Segalen, en tant qu'« ivresse du sujet à concevoir son objet ; à se connaître différent du sujet ; à sentir le Divers ». Elle nous permet de poser la question de la traduction culturelle non pas comme une réduction de l'autre à soi, mais comme un espace interactif entre deux cultures, un travail sur l'entre-deux qui nous permet de reconnaître et d'apprécier l'autre dans le même mouvement de sa différence et de sa ressemblance.

N'est-ce pas ce mouvement qui sous-tend la pratique cannibale, où il s'agit de configurer l'identité de l'humain en calculant la juste distance entre le semblable et le différent, le proche et le lointain ? Le cannibalisme autant que l'anthropologie sont une dialectique du même et de l'autre. Manger trop près, pour le cannibale, c'est se condamner à se manger soi-même – donc à mourir ; manger trop loin, c'est risquer de se dissoudre dans l'indifférent et l'indifférencié – et donc aussi de mourir. Ainsi, pour l'anthropologue, réduire l'autre à soi, c'est non seulement prendre le risque de s'enfermer dans la tautologie du même, mais à la limite annuler tout projet de connaissance, qui est d'abord un travail de la distance ; marquer une trop forte distance par rapport à l'autre – la fameuse coupure « nous » versus « eux » –, c'est finalement enfermer l'autre dans une singularité irréductible et nier en quelque sorte son humanité.

N'est-ce pas finalement ce que porte en lui l'universalisme hégémonique, l'universalisme que professaient — et professent encore — les empires ? Ces empires qui, pour reprendre la formulation du philosophe allemand Jürgen Habermas, « ne percevaient le monde au-delà de leurs frontières qu'à partir du point de vue central que leur donnait leur propre image du monde », alors que « la compréhension moderne de soi est au contraire empreinte d'un universalisme fondé sur l'égalité qui non seulement requiert qu'on se décentre de sa propre perspective, mais impose encore qu'on départicularise son propre regard afin de pouvoir le mettre en relation avec les perspectives d'interprétation adoptées par l'autre, considéré à égalité » (*Le Monde* du 3 mai 2003).

Mondher Kilani est professeur d'anthropologie culturelle et sociale à l'Université de Lausanne. Il a notamment publié L'Invention de l'autre *(Payot, Lausanne, 2000) et* L'Universalisme américain *et* Les banlieues de l'humanité *(Payot, Lausanne, 2002).*

Les modernités multiples

par

Constantin VON BARLOEWEN

L'idée d'une « fin de l'histoire », qui a hanté le paysage intellectuel après la fin de la guerre froide, suppose une homogénéisation anhistorique du monde. La perspective opposée est celle du « choc des civilisations », qui résume le monde à un repli sur des images de l'ennemi antimodernes, fondamentalistes et anti-occidentales. Le monde occidental est confronté à ces images comme à un épitomé de la modernité. Mais, dans les faits, la civilisation politique mondiale s'est développée avec une bien plus grande diversité que ne le supposaient encore Émile Durkheim ou Max Weber.

Le concept d'une histoire du monde comme histoire globale déborde aujourd'hui largement le cadre limité de l'Occident, dans la mesure où cette histoire pratique des extensions transculturelles qui dépassent les simples homogénéisations occidentales. L'accroissement de la mondialisation a fait naître de nouvelles formes de convergence entre forces globales et locales, universelles et particulières, toutes interdépendantes. La globalisation n'est pas à comprendre comme une simple unification sans unité réelle, mais comme une relation binaire entre les différents éléments de la civilisation mondiale – éléments qu'il s'agit de renforcer. Toutes les cultures ne développent pas les mêmes réactions face à la mondialisation. Nous nous trouvons dans une situation d'ambivalence. La montée des fondamentalismes religieux dans le monde entier prouve que nous avons affaire à des structures transnationales, mobilisées sous forme de courants antioccidentaux. Si l'on considère l'antimodernisme comme un phénomène mondial, on peut parler d'une sorte d'anti-universalisme.

Les mouvements politiques violents en lutte contre l'Occident prennent aujourd'hui les habits de la religion. Présentés comme les tenants de valeurs séculières qui assèchent la diversité du réservoir culturel de l'humanité, les États-Unis surtout sont diabolisés. L'attentat du 11 septembre 2001 contre le World Trade Center n'est pas seulement une agression contre l'hégémonie américaine dans le monde, mais aussi une tentative pour que la religion soit de nouveau présente dans la sphère publique – qui peut aller jusqu'aux variantes théocratiques que l'on rencontre dans l'islamisme radical. C'est aussi un essai de reconquête d'une identité culturelle et, au bout du compte, humaine, en vue de renforcer de manière organisée le sentiment d'intégration qu'éprouvent de vastes pans de la population mondiale, un sentiment qui menace de se perdre.

Il convient de saluer la pluralisation de la modernité dans la mesure où il s'agit d'un mouvement structurel et d'un discours politico-intellectuel qui dépasse les limites de l'eurocentrisme. Dans un monde aux modernités multiples, les États et les cultures peuvent revenir à leurs racines indigènes. Une reconnaissance mutuelle de l'autre dans son altérité même devient alors possible : une compréhension partagée, une estime réciproque. Les cultures occidentales ont le devoir d'intégrer d'autres expériences culturelles, et de s'ouvrir à elles. L'échange interculturel et interreligieux remplacerait alors la domination actuelle.

L'Amérique latine en est un exemple. Depuis la fondation de ses États au XIXe siècle, elle connaît une modernité acquise, comme le dit Octavio Paz. Une modernité qui, quant à l'histoire de l'esprit et de la culture, repose sur d'autres éléments que celle de l'Amérique du Nord ou de l'Europe. Dans l'espace culturel hispano-lusitanien, la rupture entre pensée médiévale et modernité a été beaucoup moins radicale que dans l'Allemagne de la Réforme, l'Angleterre de John Locke ou encore la France de Descartes. La pensée universelle de l'Église de la Renaissance n'était pas si éloignée de la cosmologie mystique et magique des Aztèques, des Mayas et des Incas. Les prêtres, comme les cultures indiennes avancées, entretenaient avec le monde une relation plus spéculative et sensible que rigoureusement rationnelle, contrairement au protestantisme du *« matter of fact »* pratiqué par les Pères pèlerins dans la culture nord-américaine.

On mesure ici le rôle que joue le concept d'imaginaire culturel tel que l'a développé Cornelius Castoriadis, c'est-à-dire comme vision ontologique d'une tradition culturelle déterminée qui s'exprime à travers les institutions de la politique et de la civilisation. Les États modernes et leurs cultures ont certainement beaucoup en commun. Mais les réponses aux défis existentiels varient selon les mentalités des peuples et l'idée qu'ils se font d'eux-mêmes.

Les tensions entre la tradition et la modernité – tout comme la compatibilité entre la technologie et la culture – ont trop souvent eu, dans le passé, un effet de désagrégation. Le paradigme des modernités multiples représente une alternative à une évolution strictement homogénéisante, le *kairos* d'une nouvelle civilisation mondiale. Il serait en mesure de désamorcer les antinomies et les conflits qui ont régné jusqu'à présent entre le projet de la modernité et la préservation de l'authenticité et des racines des cultures indigènes. Le désir de devenir un membre à part entière de la communauté mondiale ne devrait plus être incompatible avec l'affirmation de son héritage historique et culturel ; les sources indigènes ne peuvent plus être opposées de manière frontale, telle la pointe d'une lance, à la modernité.

La pluralisation des modernités débouche sur une responsabilité générale de la communauté mondiale. Dans le même temps, les identités ne cessent de devenir le point de référence des frontières nationales. La multiplicité des modernités est l'expression de l'évaluation des différences culturelles – y compris dans un monde global – et le signe de la tolérance mutuelle des identités. La modernité prend alors la forme d'un collectif interculturel et interreligieux, sur la voie d'une société civile internationale.

Les réponses spécifiquement culturelles qu'apporte la diversité des modernités ne négligent pas le fait que l'humanité, en ce début de XXIe siècle, est confrontée à des risques existentiels majeurs. Dans les pays industrialisés, elle est menacée par l'aliénation croissante que provoque la technocratie, le primat de la technologie et un refroidissement de la vie, l'algébrisation de la culture quotidienne, une perte du sens du sacré au sein d'un monde purement profane fondé sur le techno-paganisme. La seule issue possible est la compréhension mutuelle, la diversité des paroles et des contributions, une responsabilité commune à l'égard de la civilisation, dans le respect des expériences culturelles différentes.

Pour cela, il faut prendre une direction nouvelle. Il règne encore une tension entre l'homogénéisation technique du monde et la préservation des différences culturelles et religieuses, entre les impératifs économiques et une révolution intellectuelle et spirituelle. Il existe un lien réel entre l'a-religiosité de l'industrialisation et le renouveau des mythes fondateurs religieux : l'absence de religion bloque l'espace spirituel. Le monopole de l'économie, sa force centrifuge qui s'exerce dans le monde entier font surgir dans l'espace intellectuel et religieux des traditions archaïques. À l'heure où l'économie mondiale se planétarise, la planète se désagrège sur le plan politique.

Face au commerce mondial et à l'échange médiatique d'informations, on constate une extraordinaire nervosité territoriale. Nationalismes, scissions, tribalisations agitent le « village mondial », entraînant des guerres civiles qui s'expriment sous forme de conflits entre identités culturelles et religieuses. L'intégration politique ne suit pas l'intégration économique. La défense des lignes de démarcation culturelles a commencé. Régis Debray parle à juste titre d'une sorte de thermostat anthropologique, d'un mystérieux régulateur qui garantirait l'intégrité culturelle de l'humanité. Il y a environ 190 États-nations dans le monde, mais on compte plusieurs milliers de traditions linguistiques, culturelles et religieuses, ce qui provoque des conflits.

La globalisation, stade ultime de la modernité, suscite à travers les mouvements politiques mondiaux antimodernes des réactions à l'hégémonie croissante de la culture occidentale, et ces réactions ne s'arrêtent pas aux frontières de l'État-nation. Des formes d'antimodernisme vont par conséquent acquérir une portée supranationale. Certains des courants les plus puissants du nationalisme ethnique et religieux sont apparus dans des nations où les forces locales étaient menacées dans leur existence même par l'économie globale – en Iran ou en Égypte, par exemple – ou bien craignaient d'être privées des bénéfices de la globalisation. Il faut se demander quels concepts et quels paradigmes islamiques ou est-asiatiques véhiculent aujourd'hui une revendication universelle. Ce qui paraît certain, c'est que, depuis le XVIIIe siècle, une véritable asymétrie s'est créée en faveur de l'Occident. Ne devrions-nous pas essayer, au commencement du nouveau millénaire, de trouver un nouvel équilibre, dirigé vers une pluralité des cultures ?

Mais qu'est-ce qui est réellement moderne ? En quel sens peut-il exister une modernité islamique, confucéenne ou latino-américaine ? Dans quelle mesure peut-on accepter pour toutes les cultures l'idée d'un progrès historique et politique linéaire, tel qu'il s'est produit en Europe depuis les Lumières et la Réforme ? Comment les autres modernités se distingueraient-elles de la modernité occidentale ? L'Islam, dans sa diversité, est-il vraiment contraint de choisir entre La Mecque et la mécanisation ? Est-il impossible qu'il les associe ? Comment l'Inde, avec la pluralité de ses cosmologies culturelles, conçoit-elle une modernité qui ne soit pas nécessairement européenne ou américaine ?

La modernité occidentale détient un avantage historique : c'est elle qui sert de point de référence, elle que l'on réinterprète et que l'on reformule dans la civilisation mondiale du XXIe siècle, avec ses innovations et ses institutions – en route vers de nouvelles identités collectives. Mais elle comporte trop d'antinomies pour exercer un monopole.

La question fondamentale est : peut-il exister une tension créative entre l'acceptation de la singularité culturelle et les principes universels de la modernité ? Cela vaut pour la Chine comme pour l'Amérique latine, pour le Japon comme pour l'Afrique, pour la Russie comme pour l'Inde : ces pays représentent des pans essentiels de la population mondiale et veulent faire plus que reproduire la modernité ou même l'exceptionnalisme américain, la *manifest destiny* du XIXe siècle, l'élection dans une *city upon a hill*. L'attentat contre le World Trade Center notamment a montré l'immense potentiel de violence que la mondialisation recèle. Comme l'a dit Stanley Hoffmann, le terrorisme est le liant qui assure par la violence la cohésion du monde globalisé. Mais la société civile globale en marche contribue-t-elle effectivement à un nouvel ordre mondial ? Existe-t-il véritablement aujourd'hui un germe de nouvelle conscience planétaire ?

La société civile internationale demeure rudimentaire. Ce que les États ne peuvent accomplir, le marché mondial global ne peut l'apporter – notamment la création d'une conscience civique mondiale et d'une solidarité humaine. La mondialisation, au lieu d'encourager la paix, semble accroître les conflits et les ruptures de civilisation, et augmenter le potentiel de violence. La progression du monde des médias, de l'Internet, la mise en réseau des communications nous placent devant un paradoxe : dans la réalité, les gens ne se rapprochent pas vraiment. Ils ne comprennent pas mieux, ils n'apprécient pas plus l'étranger et l'autre. C'est au sein de leur groupe ethnique ou religieux que les habitants pauvres des régions de la périphérie mondiale cherchent un secours contre la perte de leur identité. Toute paix entre États doit être précédée d'une paix entre les cultures et les civilisations.

Dans le champ de l'histoire de l'esprit et des fondements institutionnels, il en est allé de même pour les civilisations du premier millénaire avant l'ère chrétienne. De profondes modifications ont affecté à l'époque l'unité et la diversité de notre planète, devenue la patrie commune de l'humanité. Désormais, l'histoire de la « condition humaine » ne se déroulerait plus au sein de nations et de cultures séparées : il y aurait avant tout un sujet universel portant le nom d'humanité ; il serait dès lors impossible d'évaluer les États et les cultures selon un critère unique de rationalité. Au cours de la première période axiale, entre 800 et 200 avant Jésus-Christ, est apparu presque tout ce qui allait forger l'humanité : les formes les plus diverses de la philosophie, les premières sciences exactes et historiques, les grandes œuvres épiques, dramatiques et poétiques, les débuts de la démocratie. Tout cela n'a pas été la seule conquête de l'Occident, notamment de la Grèce et de Rome, mais aussi, et sur le même plan, de la Chine, de l'Inde et de leurs civilisations. Cette époque est celle d'une extraordinaire richesse simultanée : Confucius et Lao-tseu en Chine, les Upanishad et Bouddha en Inde, Zoroastre en Iran, les prophètes en Palestine, Homère,

Parménide, Héraclite, Platon, Thucydide, Archimède en Grèce... La nouveauté – et sur ce point l'époque des civilisations axiales ressemble à la nôtre – a été que l'homme prend conscience de l'être dans son ensemble, de lui-même mais aussi de ses frontières, et qu'il découvre aussi bien la fécondité du monde que sa propre impuissance face aux défis d'une conscience planétaire.

Aujourd'hui plus que jamais, nous avons besoin de cette sagesse métapolitique qui permet de transformer une civilisation qui enseigne en une civilisation qui apprend. La connaissance de soi représente le premier palier d'une connaissance du monde qui passera au XXIe siècle par le polylogue des civilisations.

(Traduit de l'allemand par Olivier Mannoni)

Constantin von Barloewen, membre de l'Advisory Committee de la Harvard Academy, dirige le programme de dialogue entre les civilisations pour la Fondation Neuhardenberg de Berlin. Il a notamment publié : Anthropologie de la mondialisation *et* Voyage à Madagascar – Instants de sagesse quotidienne *(Éditions des Syrtes, 2003).*

« Une société réduite à sa plus simple expression... »

par

Eduardo VIVEIROS DE CASTRO

Pour les américanistes, l'œuvre de Lévi-Strauss n'est pas seulement associée à l'école structuraliste, et son auteur n'est pas encore un des maîtres à penser détrônés par les bouleversements périodiques du champ intellectuel. Il s'agit d'une œuvre et d'un auteur qui se réfèrent de façon privilégiée à la réalité ethnographique américaine, qui ont proposé des thèses et des arguments révolutionnaires au sujet de cette réalité, et qui ont eu le mérite inestimable de permettre à la pensée indigène de dialoguer sur un pied d'égalité avec la théorie anthropologique occidentale, sortant ainsi du ghetto dans lequel elle était enfermée depuis le XVIe siècle. Voilà pourquoi, et depuis déjà fort longtemps, l'ethnologie indigène s'écrit nécessairement à partir de Lévi-Strauss, même si elle s'écrit en polémiquant avec lui.

En effet, Lévi-Strauss a fait partie d'un des premiers groupes de savants français qui, invités par la bourgeoisie pauliste, sont allés constituer les cadres de la toute nouvelle Université de São Paulo (USP). Il y a professé entre 1935 et 1938, et plusieurs de ses élèves sont devenus des auteurs de renom dans les sciences sociales du Brésil. Toutefois, ses cours à l'USP – où il n'a pas enseigné l'ethnologie mais la sociologie générale – expliquent moins l'importance qu'il a eue pour l'anthropologie pratiquée dans mon pays que le fait qu'il est devenu, par son séjour au Brésil, un spécialiste des cultures indigènes. En vérité, c'est son expérience comme anthropologue chez les Caduveo, les Bororo et les Nambikwara du Brésil central, dont il a partagé l'existence au cours de ses expéditions ethnographiques de 1936 et 1938, au Mato Grosso, qui est à l'origine de quelques-unes des intuitions fondatrices du structuralisme. C'est donc dans le domaine des études indigènes que l'influence de Lévi-Strauss au Brésil s'est révélée la plus forte et la plus déterminante. Elle est fonction de l'importance capitale de ses travaux pour l'ethnologie américaniste en général, qu'elle soit produite dans mon pays, en France, en Angleterre ou dans n'importe quelle autre région du monde.

Parmi les premières contributions de Lévi-Strauss à l'ethnologie brésilienne, on trouve des travaux mémorables, tel l'article sur l'usage social des termes de parenté par les Nambikwara et les Tupinambá, ou celui sur les principes de réciprocité et de hiérarchie dans l'organisation sociale des Bororo, ou encore celui qui traite des rapports entre guerre et commerce. Il y a eu ensuite, bien sûr, *Tristes Tropiques*, livre fondateur d'un genre, et qui reste inégalé dans ce genre. Pourtant, à mon avis, l'apport vraiment révolutionnaire de Lévi-Strauss à notre champ d'études se trouve dans le texte de 1956 sur les organisations dualistes d'*Anthropologie structurale*. Il n'est pas exagéré de dire que ce texte remarquable, où la société bororo joue un rôle central, est à l'origine de presque tout ce qui s'est depuis lors écrit d'intéressant en ethnologie sud-américaine. Lévi-Strauss lui-même en reprendra les thèses, si importantes pour lui, dans son dernier grand livre sur les mythes, *Histoire de lynx*, publié en 1991.

Lévi-Strauss n'a jamais écrit de monographie ethnographique type sur une société indigène, et son ouvrage le plus proprement sociologique, *Les Structures élémentaires de la parenté*, fait très peu référence à l'Amérique du Sud. Cela est en partie dû au fait qu'en 1949, année de la parution, cette région n'avait pas encore été l'objet d'études suffisantes pour entrer dans l'argumentation des *Structures*. Néanmoins, l'expérience ethnographique de Lévi-Strauss chez les Nambikwara semble avoir été décisive pour le développement de la première partie du livre, où il établit le principe de réciprocité auquel se rapporte le mariage par échange des sœurs. La rencontre de deux groupes étrangers de Nambikwara, dont il a été témoin en 1938, et qui a débouché sur une sorte de contrat sociogénétique créé par la fiction d'un échange global des femmes entre les groupes, peut être considérée comme l'une des grandes scènes originaires du structuralisme.

On peut distinguer, dans l'œuvre de Lévi-Strauss, deux images de la société primitive, représentées respectivement par les Nambikwara et par les Bororo : la monade consensuelle rousseauiste, qui est aussi un organisme naturel fondé sur un équilibre démographique et technologique, et le cristal sociologique, où s'exprime une géométrie complexe d'oppositions, d'inversions et de corrélations. Dans la monade s'inscrivent la politique et la morale du structuralisme ; dans le cristal, son esthétique et sa logique. Si ces images reflètent une part de nostalgie de Lévi-Strauss pour un âge d'or de notre espèce, quand l'homme maintenait un équilibre entre les dynamiques sociales et les régulations naturelles, il est néanmoins clair, à travers le voile de pessimisme qui traverse *Tristes Tropiques* – et toute l'œuvre de l'auteur – qu'elles ne sont précisément que des images. Les Nambikwara sont moins le modèle idéal d'une société primitive que son mirage, l'émanation illusoire d'un monde perdu depuis toujours : « J'avais cherché une société réduite à sa plus simple expression. Celle des Nambikwara l'était au point que j'y trouvai seulement des hommes. » Quant aux Bororo, aux institutions sociales si savamment articulées en un dense réseau de réciprocités, d'équilibres et de contrepoids, Lévi-Strauss allait montrer comment cette apparente symétrie cache, ou plutôt tente de contenir, une asymétrie plus fondamentale, la conception d'un « dualisme en perpétuel équilibre » qui marque toute la pensée et toute la pratique des Amérindiens. Cette intuition est développée d'un point de vue esthétique dans le remarquable petit essai sur l'art corporel des Caduveo qui se trouve également dans *Tristes Tropiques*.

En fait, c'est à partir de 1964, avec la publication du premier volume des *Mythologiques – Le Cru et le cuit* –, que la réalité amérindienne prétend réellement à la citoyenneté anthropologique. Les *Mythologiques*, une étude au départ centrée sur les mythologies indigènes du continent, vont cependant révéler quelque chose qui n'est pas encore totalement reconnu par la théorie anthropologique (et qui peut-être ne sera pas accepté, en ces termes, par son auteur) : que les matériaux symboliques auxquels les sociétés sud-américaines ont recours pour se constituer, tout comme les structures construites par le chercheur, sont réfractaires aux catégories habituellement employées en anthropologie. Des principes cosmologiques abstraits traduits en oppositions de qualités sensibles, une dialectique de l'identité et de la différence récurrente et complexe, une logique sociale inscrite dans le corps et dans les flux matériels, une économie de signes et une sociologie de catégories : tels sont les matériaux et les procédés qui semblent rendre désuet et vain le langage théorique chargé de juridisme et d'économisme employé par l'anthropologie pour décrire les sociétés d'autres régions du monde, avec leurs faisceaux de droits et de devoirs, la perpétuation de leurs groupes corporatifs, leurs régimes de propriété, d'héritage, de transmission, leurs modes de production lignagers. Loin de se constituer en contenus superstructuraux des cultures indigènes d'Amérique du Sud, ces matériaux et ces procédés s'articulent dans une logique qui est immédiatement sociologique, et se trouvent à la base, comme principes à valeur structurante.

En vérité, c'est au structuralisme de Lévi-Strauss qu'il a incombé de mettre fin à ces distinctions, si tenaces dans la raison sociologique occidentale, entre base et superstructure, entre représentation et institution.

(*Traduit du portugais par Martine Gomez*)

Eduardo Viveiros de Castro est professeur au Musée national du Brésil (Rio de Janeiro).

Chercher l'Indien

par

Matthieu CHARLE

Pour s'inscrire dans la réalité du mode de vie contemporain des populations autochtones, un travail ethnographique se doit de prendre en compte de nouveaux facteurs, en particulier sur des terrains classiques comme l'Amérique du Nord. Il ne faut bien sûr plus s'attendre à voir des tipis et des Indiens coiffés de plumes. Lorsque l'on se rend sur une réserve, la première difficulté pratique tient sans doute à ce qu'elle ne constitue pas un territoire clos et homogène, entouré de barrières : il est parfaitement possible de la traverser sans même s'en rendre compte. Chez les Cœurs-d'Alêne par exemple, communauté dont la réserve se trouve au nord de l'Idaho, l'apparente « invisibilité » des autochtones semble liée, d'une part, au fait qu'ils sont dispersés sur l'ensemble du territoire de la réserve et de ses environs ; d'autre part, à une série de décisions politiques prises dans les années 1930 par le gouvernement américain, contraignant les Amérindiens à morceler la propriété traditionnellement collective des terres tribales en parts individuelles prédéterminées. La faible surface de la parcelle allouée à chacun et le relatif petit nombre de Cœurs-d'Alêne ont permis que des non-Indiens acquièrent des terres non attribuées.

Il ne faut pas non plus imaginer que la majorité des Amérindiens demeurent confinés dans une misère économique héritée d'une inadaptation au mode de vie occidental, imposé mais souvent mieux adopté et réinterprété qu'on ne le pense.

Ne plus dépendre des seuls subsides de l'État fédéral et recouvrer une véritable souveraineté figurent aujourd'hui parmi les priorités des communautés amérindiennes. Depuis plus de soixante-dix ans, la création de gouvernements tribaux composés de membres élus habilités à exercer certains pouvoirs au niveau local (impôts, police...) leur a permis de reconquérir une forme d'autodétermination ; ces autorités n'en sont pas moins parfois critiquées, une partie des Amérindiens les assimilant à un mode d'organisation, de décisions et de nominations trop différent des modèles traditionnels – voire contraire – que sont l'hérédité, les systèmes de castes ou la gérontocratie. Malgré ces tensions et une situation économique qui reste souvent fragile, les autochtones semblent être aujourd'hui en meilleure position pour gérer directement leurs intérêts. Ainsi les Cœurs-d'Alêne se sont-ils engagés dans une politique de rachat des terres « perdues ». Le récent succès de l'ouverture d'un casino, géré par la tribu, sur la réserve et les gains qu'il engendre ont, quant à eux, financé notamment la construction d'un centre médical, la rénovation d'écoles et la mise en œuvre de programmes culturels.

D'autres changements sont intervenus. La plupart des Cœurs-d'Alêne ne parlent plus leur langue vernaculaire et près de la moitié vivent hors de la réserve, dans de grands centres urbains. Cette distance, réelle et figurée, prise à l'égard du mode de vie traditionnel, conditionne de nouvelles formes de sociabilité et de nouvelles pratiques qui, à leur tour, influent sur les modes de représentation de l'ensemble de la communauté. Comment l'identité tribale peut-elle continuer à se former dans des milieux si éloignés de la terre des ancêtres ? Comment transmettre une culture orale aujourd'hui écrite et transposée dans une autre langue ? Ces questions ne sont plus l'apanage des anthropologues : les Cœurs-d'Alêne sont les premiers à se les poser.

Désormais, l'ethnographe doit également tenir compte de l'histoire et du vécu particulier des populations nord-amérindiennes, dont certaines entretiennent des rapports plus ou moins fréquents avec les chercheurs depuis le milieu du XIXe siècle. Les années 1920-1940 ont constitué une sorte de pic dans la fréquentation des réserves par une population impressionnante d'archéologues, de linguistes et d'anthropologues. C'est à cette époque qu'ont été commis quantité d'abus : pillage de tombes ou de lieux de culte au nom de la sauvegarde du patrimoine ; exposition d'objets sacrés dans les musées et divulgation de cérémonies secrètes. Ainsi beaucoup d'Amérindiens se sont-ils sentis dépossédés de leur culture, tant matériellement qu'intellectuellement, et ont-ils montré de plus en plus de méfiance envers tout ce qui peut rappeler un anthropologue.

Conduire des recherches sur une réserve reste néanmoins possible, mais dans des conditions désormais fixées par les autorités tribales. Les Cœurs-d'Alêne demandent par exemple à bénéficier d'un droit de regard sur tout ce qui est écrit à leur sujet ; ils s'assurent par là la possibilité de refuser que certaines données soient publiées. Les enregistrements sonores ou vidéo d'entretiens aussi sont très surveillés. Si ces prétentions paraissent aujourd'hui justifiées, tel n'était pas le cas jusqu'à une période récente, car elles ont longtemps été considérées comme une entrave à la libre observation, à la pureté d'une ethnographie que l'on estimait objective par nature. La nécessaire critique postmoderne de la discipline, relative à la production et à la réception d'un texte ethnographique, a sans doute instauré une sorte de tension entre observants et observés. Aujourd'hui, les Amérindiens sont parmi les premiers lecteurs des travaux de l'anthropologue. En outre, certaines tribus ont leurs propres ethnologues ou linguistes, qui mènent des recherches en interne et qui, souvent, produisent des discours résolument anhistoriques. Cherchant à se rapprocher de conceptions plus amérindiennes du temps, ils se placent ainsi en opposition avec les études occidentales.

Cela explique peut-être pourquoi le terrain nord-amérindien, déjà handicapé par l'apparente occidentalisation radicale des autochtones, a mauvaise réputation. Pourtant, les relations sociales qui unissent les membres d'une tribu, qu'ils soient urbains ou non, jeunes ou anciens, paraissent toujours fonctionner selon des modes traditionnels. Beaucoup de rituels sont encore pratiqués ; ils semblent avoir résisté et s'être simplement adaptés, en particulier à l'évangélisation. Il faut donc puiser dans ce nouveau contexte les éléments d'une étude qui parvienne à refléter au mieux les entrelacs complexes de la réalité autochtone contemporaine. C'est en cela que réside précisément toute son originalité.

Matthieu Charle est doctorant à l'École des Hautes Études en Sciences sociales.

L'exotique ici, le familier ailleurs

par

Christian GHASARIAN

À l'heure de la globalisation, l'anthropologie fait face à des défis inédits qui posent la question de sa pertinence et de son utilité non seulement dans les cercles académiques, mais aussi dans le monde social animé par une complexité croissante. Si la discipline a d'abord, et longtemps, porté son regard sur les sociétés les plus distantes géographiquement et culturellement des chercheurs – en majorité occidentaux –, avec l'idée que c'était une condition d'objectivité, cette démarche ne constitue plus le trait majeur de l'anthropologie qui, depuis trois décennies en France, a élargi ses centres d'intérêt à des objets proches, comme le montrent les travaux de Christian Bromberger (*Le Match de football*, Éditions de la Maison des Sciences de l'Homme, 1995) ou de Marc Abélès (*Un ethnologue à l'Assemblée*, Odile Jacob, 2000). Les anthropologues considèrent aujourd'hui tout aussi intéressant d'analyser l'usage de la radio dans une tribu amazonienne et les relations de ses membres avec le monde extérieur que de comprendre son système de parenté.

La circulation des hommes, de leurs idées et de leurs artefacts, ainsi que la déterritorialisation et la production de nouvelles territorialités, a rendu les anciennes cartographies culturelles obsolètes et les méthodes d'approche classiques – généralisantes et totalisantes – inadéquates. L'altérité étant de plus en plus expérimentée à domicile, les sociétés ne peuvent plus être rangées dans les catégories binaires simplistes modernité/tradition, ici/ailleurs, proche/lointain, urbain/rural. En faisant du quotidien un objet d'étude à part entière, en s'employant à décoder les logiques sous-jacentes aux systèmes de représentation et aux pratiques sociales des membres de leur propre culture, les anthropologues ont modifié leur regard. L'autre n'est plus envisagé comme porteur d'une altérité radicale, prétexte d'un discours sur soi. La simple dichotomie eux/nous, associée à l'idée du grand partage entre des sociétés développées et modernes et d'autres, sans histoire, est elle-même dépassée. Des stratégies d'analyse des phénomènes sociaux innovantes se font jour, pointant l'exotique ici et le familier ailleurs. Du coup, le fameux regard éloigné n'est plus intrinsèque à la recherche anthropologique, même si la distanciation analytique reste indispensable. Face à la connivence de la langue, de l'histoire et des évidences culturelles, une difficulté inédite surgit : conserver une distance nécessaire avec son objet d'étude, mais cette fois pour produire une connaissance du dedans.

La réflexion sur les conditions de production du savoir, la diversification des sujets d'étude et des approches méthodologiques ont régénéré les thématiques classiques propres à l'anthropologie (économie, politique, religieux, parenté). Des groupes sociaux envisagés comme des unités discrètes, les chercheurs sont passés aux notions de réseau et d'espace social mettant en évidence les communications et transactions entre des individus aux identités plurielles ; ils ont nuancé les analyses en termes d'acculturation radicale en faisant appel aux notions d'accommodation, de reformulations identitaires et de processus dialogiques – au sens de Mikhail Bakhtine –, qui soulignent les constantes négociations avec la réalité et les influences réciproques entre les acteurs sociaux ; si, par exemple, le chamanisme reste un domaine d'investigation à (re) comprendre, les recherches s'élargissent au néo-chamanisme en milieu urbain.

S'aventurant dans de nouveaux champs de connaissance comme les flux migratoires et le transnationalisme, imaginaire ou vécu, l'anthropologie est en mesure d'articuler les dimensions locales et globales, micro et macro. Son approche qualitative et comparative rend possible la mise en relation des pratiques observées dans des situations précises, comme les compétitions échiquéennes (Thierry Wendling, *Ethnologie des joueurs d'échecs*, PUF, 2002), avec des pratiques cosmopolites organisées en système dans le contexte de la mondialisation – celles des joueurs d'échecs, mais aussi des musiciens, des sportifs... À une époque où les disciplines perdent le monopole de leurs objets traditionnels de recherche, l'anthropologie du proche est capable de faire plus que reproduire le discours de la sociologie en l'augmentant (ou en l'exotisant) de notions propres à ses travaux sur l'ailleurs. Sa stratégie méthodologique d'immersion et de participation aux activités étudiées lui permet d'entrer en profondeur dans les « mondes de vie » qu'elle explore. Par l'approche comparative qui la caractérise, elle peut ensuite mettre ces mondes en perspective et relativiser leur ethnocentrisme naturel en faisant apparaître des récurrences.

Dans cette dynamique critique et régénératrice, les questions éthiques, trop souvent évacuées ou négligées – pour des raisons structurales – lors de l'ethnographie du lointain, sont sous-jacentes aux nouvelles épistémologies et méthodologies. En évaluant constamment sa propre légitimité, l'anthropologie s'inscrit pleinement dans le changement social qu'elle étudie.

Christian Ghasarian est professeur d'ethnologie à l'Université de Neuchâtel et chercheur associé au CNRS. Il a notamment publié : Tensions et Résistances – Une ethnographie des chantiers en France *(Octares Éditions, 2001) ;* De l'ethnographie à l'anthropologie réflexive – Nouveaux terrains, nouvelles pratiques, nouveaux enjeux *(Armand Colin, 2002).*

Comment peut-on (encore) être ethnologue ?

par

Natacha GIAFFERI

Lorsque l'on me remit, vers l'âge de 15 ans, l'exemplaire familial de *Tristes Tropiques*, probablement acquis dans les années qui suivirent sa parution, je n'allai pas plus loin que la première phrase. J'aimais trop les voyages pour que l'on vienne gâcher ceux que je me préparais à faire. Je l'échangeai donc presque immédiatement contre *Race et Histoire*, qui me captiva. Ce n'est que l'année suivante, en classe de philosophie, que je retrouvai Lévi-Strauss et que se déclara, comme se déclarent souvent les projets professionnels à cet âge, mon intérêt pour l'anthropologie. Ce jour-là, je rentrai chez moi avec une idée très précise de ce à quoi j'allais occuper les années qui suivraient. Aussi ne suis-je pas particulièrement étonnée de me trouver aujourd'hui, au moment de porter d'ultimes corrections à une thèse consacrée aux évolutions récentes de la question raciale en Haïti, rédigeant un article sur l'influence que Lévi-Strauss a pu avoir sur ma pratique de terrain et l'orientation de mes analyses.

Je l'avais pourtant perdu de vue, entourée ces dernières années d'un épais brouillard bibliographique, étouffée sous le poids de données de terrain jamais suffisantes à mon goût, obsédée par l'idée de manquer le livre ou l'article qui anéantirait ou transfigurerait le travail jusque-là accompli. Et voilà que, suite à un coup de téléphone assez improbable – je ne suis pas une spécialiste de Lévi-Strauss, tant s'en faut –, je retrouve, telle une lettre placée dans un volume qu'on n'ouvre plus depuis longtemps, ce premier amour effacé par tant d'autres.

À mesure que se précisait mon cursus universitaire – études européanistes puis africanistes, enfin créoles –, je m'attachais plus fermement au particulier, au local, aux interactions à la fois minuscules et immenses dans lesquelles excellent les terres créoles. Devant la profusion des objets de réflexion, j'en arrivai à oublier tout souci de méthode. Ma sensibilité aussi avait, au fil des années, pris un tour particulier, qui me rendait plus réceptive aux doutes formulés par Alfred Métraux ou Michel Leiris qu'aux démonstrations magistrales d'un Claude Lévi-Strauss m'apparaissant sans âge et en lequel je ne voyais plus qu'un cerveau remarquable et quelque peu monstrueux.

Sa lucidité refroidissait à présent mes élans de connaissance autant qu'elle avait su illuminer ma route, alors que je trouvais dans l'exposition des élucubrations mentales et affectives de Michel Leiris une sympathie tacite pour mes propres questionnements. Tout aussi régulièrement frappé, à l'heure de passer de la relative passivité que requiert le travail de terrain à l'épreuve de soi qu'est son rendu par l'écriture, de l'« atroce sentiment d'impuissance » intellectuelle dont se plaignait Leiris, Métraux pouvait trouver ennuyeux et retors, autant qu'il les admirait les Haïtiens auprès desquels il recueillit les matériaux de son plus célèbre ouvrage, *Le Vaudou haïtien*. Alors qu'il faisait ses débuts en anthropologie, il avait par ailleurs commis une sorte de « discours contre la méthode » avant de finalement s'y rendre, et de la manière la plus rigoureuse.

Je m'aperçois aujourd'hui de ce que ces trois hommes ont en fait de commun. Tous trois célèbres anthropologues francophones nés dans la première décennie du XXe siècle, ils se sont à diverses reprises connus, appréciés et aidés. Mais ce qui les relie le plus fortement, c'est un intérêt partagé pour les univers américains, dont Roger Toumson note dans *Mythologie du métissage* que « l'histoire [n'y] présuppose pas la légende. C'est, à l'inverse, la légende qui la conditionne ». Ce retournement de perspective, c'est l'invention lévi-straussienne du structuralisme qui l'aura permis, en subordonnant l'homme à un code qui, bien qu'issu de son propre inconscient, surdétermine ses constructions sociales. On objectera que l'Amérique, pour quelqu'un qui n'aime pas les voyages, constitue pourtant le plus fameux « mythe romanesque, le signifiant d'un certain mythe de l'aventure » (Roger Toumson, *ibid.*). Outre le fait que le départ de Claude Lévi-Strauss pour l'Amérique fut motivé, plus encore que par le désir de retourner sur le terrain brésilien de l'année 1935, par la nécessité de fuir au plus vite une Europe gangrenée par le nazisme, le choix de ce continent, marqué plus que tout autre par le phénomène historique, comme lieu de démonstration de la supériorité absolue du mythe recelait un paradoxe qui à lui seul justifiait l'entreprise de ce grand défricheur. Les enseignements qu'il forgea sur la base des observations qu'il y fit me paraissent aujourd'hui, après avoir longtemps cherché à m'en détourner, d'une incomparable luminosité.

Le métissage – « brassage des êtres et des imaginaires », selon Serge Gruzinski – s'exerce autant sur la matérialité des corps que sur des « matériaux dérivés, [...] fragments importés, [...] concepts décontextualisés » (*La Pensée métisse*). C'est ayant à l'esprit cette idée d'une logique sous-jacente que je commençai mon étude de la terminologie raciale haïtienne, à laquelle, en bonne lévi-straussienne qui s'ignore, j'ajoutai rapidement celle de quelques îles voisines. Malheureusement, je constatai que les appropriations chaque fois singulières de ces codes vieux de plusieurs siècles, à la fois écrits et oraux, savants et populaires, et qui posent, en dehors de toute considération sur les circonstances historiques qui les ont vus naître, la question de la gestion d'un patrimoine humain commun à tout un continent, étaient systématiquement abordées sous l'angle de l'histoire, sous la catégorie « sociétés de plantation », ou réintroduites dans un schéma sociologisant dans lequel ils jouaient le simple rôle de courroie de transmission entre super- et infrastructures. C'était à mon avis faire bien peu de cas du sens profond que pouvaient véhiculer ces classifications.

Il me semblait aussi que le propos de Hannah Arendt y prenait toute sa force, quand elle disait que « peu d'idéologies ont su acquérir assez de prépondérance pour survivre à la lutte sans merci pour convaincre, et seules deux d'entre elles ont effectivement réussi [...], l'idéologie qui conçoit l'histoire comme une lutte économique entre classes et celle qui l'interprète comme une lutte naturelle entre races » (*Les Origines du totalitarisme* 2 : *L'Impérialisme*). Dans un premier temps, mon propre travail s'est donc axé, plutôt que sur l'alignement mécanique des individus par rapport à un processus de production objectif, sur les positionnements, parfois contradictoires, certainement conflictuels, souvent transitoires et toujours contextuels d'individus pour lesquels, en dépit d'un réseau social étonnamment serré dans un contexte de surpopulation urbaine, « chaque nouvelle rencontre [est] aussi l'occasion d'une nouvelle présentation » (Elisabeth Cunin, « Le Métissage dans la ville »). Plus que les variantes d'un système cognitif, sur lesquelles les individus en tant que tels n'ont manifestement aucune prise, ce sont bien les « ambiguïtés du processus de communication » (Ulf Hannerz, « Explorer la ville ») et les jeux déployés autour d'un code finalement commun à tous les langages sociaux (paysanneries, bourgeoisies ou prolétariats urbains) que je m'efforçais de prendre en compte, considérant comme évident et même souhaitable qu'une pensée normative soit l'objet de remises en question au moins ponctuelles.

La classification raciale populaire des Antilles, nous dit Jean-Luc Bonniol dans « la Couleur comme maléfice », dédaigna la « loterie héréditaire » pour se diriger insensiblement vers une phénoménologie des couleurs. En cela, elle ne faisait que prendre le tournant d'un XIXe siècle qui annonçait la fin du racisme biologique et augurait la naissance non d'un racisme social, puisqu'il s'attache toujours à des signes d'altérité phénotypique, mais d'un racisme attaché au signe, à l'apparence, dont il tente de maîtriser la totalité des sens en l'encodant absolument.

C'est donc une idéologie non plus strictement raciale, puisqu'elle joue de compensations entre position sur l'échelle des gradations phénotypiques et position sur l'échiquier social, mais plus que jamais maîtresse des destins individuels qui ouvre et ferme, selon une logique qui lui est propre, les vannes du courant de la mixité sociale. Le sort du corps est scellé désormais par l'idéologie et devient pathologique dès lors qu'il s'écarte de la grille d'intelligibilité qui lui est imposée. Dans *L'Archéologie du savoir* (1969), Michel Foucault insistait sur l'importance de considérer les « groupes d'objets, ensembles d'énonciations, jeux de concepts et séries de choix théoriques » formés par des pratiques discursives régulières comme de véritables savoirs, que ceux-ci débouchent ou non sur la constitution de sciences et indépendamment des contradictions possibles de leurs propositions. On le voit, c'est ici avec celui de structuralisme, le concept de pensée sauvage, développé sept ans auparavant par Lévi-Strauss, qui est appliqué. Que l'on passe ou non par Foucault, il est bien difficile, si l'on s'attache à l'étude de nomenclatures, d'échapper à l'influence des travaux de Claude Lévi-Strauss. Quant aux classifications raciales qui nous occupent, parties d'une matrice pseudo-scientifique – les classifications raciales instituées par le pouvoir colonial –, elles se sont ensuite progressivement élaborées, par ajouts, modifications, disparitions.

Loin de prendre fin avec la destruction de la colonie et l'accès à l'indépendance, ce « système de signes qui est la marque qu'une société imprime au réel, à son réel » (Roland Barthes, « L'Aventure sémiologique »), devint au contraire prééminent. En Haïti, est dite « rouge » toute personne dont la teinte n'est pas franchement « noire », et si l'on suit Serge Tcherkezoff, lui-même inspiré par la pensée de Claude Lévi-Strauss, on se rend compte que si « l'analyse des classifications dualistes a voulu rechercher, derrière la variété empirique, une cohérence fondée sur l'unité et sur la non-contradiction de la relation signifiant/signifié », on s'aperçoit en fait que « tous les relevés de classification traditionnelle laissent voir des contradictions » (« le Roi Nyamwezi, la droite et la gauche – Révision comparative des classifications dualistes », 1983). À ce titre, que la figure de l'albinos, bien connue en Afrique, très répandue en Haïti, et qui a pour effet d'introduire une faille dans un système binaire, soit immédiatement absorbée par la catégorie du surnaturel montre bien que la définition de son identité ne lui appartient pas et que, réduit à la fonction de signe, il ne fait que rendre manifeste un code de significations qui le dépasse.

Parlant des sociétés caribéennes en général, Raymond T. Smith proposait la vision d'une « union archétypale » qui consacrerait la rencontre de l'homme blanc avec la femme noire, y voyant une légitimation de classes moyennes elles-mêmes en porte-à-faux. Ce genre d'analyse ne serait probablement pas du goût de Claude Lévi-Strauss. Il faut pourtant admettre que si lui-même a pu faire des mythes amérindiens le champ fécond de l'élaboration d'une méthode, les productions créoles, ne pouvant prétendre à s'enraciner dans un passé immémorial, sont plus ambiguës. Ainsi les mythes propres au vaudou, pour prendre cet exemple, se trouvent-ils fortement corrélés à des mythes plus strictement politiques – tel celui d'une inégale répartition des qualités humaines en classes phénotypiques –, que Roger Bastide, ce grand spécialiste de ce que l'on nommera à sa suite « les Amériques noires », invitait à distinguer de la simple idéologie.

Je ne saurais terminer sans aborder la question du statut du chercheur de terrain dans le contexte à la fois postcolonial et violemment impérialiste qui est le nôtre, et dans lequel les réactions d'hostilité, spécifiquement dans les villes surpeuplées et misérables du « tiers monde », sont une partie intégrante de l'approche anthropologique. Si l'on en croit Thomas Hylland Eriksen, pour qui « beaucoup de chercheurs de terrain [...] sont abordés avec des manières affables, risquant ainsi de ne jamais voir les aspects de la société que les gens auraient honte de montrer » (« Small Places, Large Issues »), il y aurait quelque bénéfice secondaire à être mal reçu. On est tout de même en droit de se demander si la violence des rapports constitue réellement une garantie supplémentaire d'authenticité pour l'enquête. Ce qui est sûr, c'est que, comme Lévi-Strauss le notait il y a cinquante ans déjà, ce que nous avons pris l'habitude d'appeler « tiers » monde – ce qui connote d'ailleurs assez évidemment l'altérité – manifeste de plus en plus son impatience vis-à-vis des émissaires du premier. Et si, selon l'administrateur et anthropologue Delavignette, la colonisation « avait permis aux anthropologues d'opérer avec des facilités et une sécurité que n'avaient pas les explorateurs », « la réévaluation de l'anthropologie n'est pas séparable de la réévaluation de la place de l'Occident dans l'histoire et dans le monde » (Gérard Leclerc, « Anthropologie et Colonialisme »).

La situation dramatique de l'Haïti de ces dernières décennies y rend bien sûr une démarche ethnographique difficilement soutenable. « Plus un peuple est pauvre, écrivait à ce titre le poète haïtien Anthony Lespès, plus son folklore est riche. » Un peu plus de dix ans après, Claude Lévi-Strauss prévenait, lors d'un discours au Collège de France, des difficultés que les chercheurs en sciences humaines auraient bientôt à prendre en compte. Aujourd'hui, Maurice Godelier, qui fut d'ailleurs maître-assistant de Lévi-Strauss, revient publiquement sur l'importance de considérer ce double mouvement : d'un côté, commercialisation de la culture ; de l'autre, revendication des peuples à se « dire » eux-mêmes. On peut alors se demander, face à ce qui paraît une accélération irrépressible d'une perte de sens – et des sens – à l'échelle planétaire, une entrée dans un « démonde » (Philippe Sollers) proprement a-social, ce que vient faire l'anthropologie et s'il est réellement dans sa nature de comprendre des changements aussi rapides et globaux, elle qui se vante du temps long, de la réflexion mesurée, de la minutie, elle enfin dont on semble ne jamais vouloir tirer bénéfice. La question du tragique dans la civilisation et de son traitement par les sciences humaines est sans doute de celles auxquelles auront à répondre en priorité les anthropologues de demain, et c'est Claude Lévi-Strauss, il y a de cela bientôt cinquante ans, qui en aura ouvert la voie. Un homme capable d'apprécier Chopin après Debussy et qui, fuyant le nazisme, ne consacre pas moins de sept pages à un coucher de soleil ne saurait être foncièrement optimiste.

À l'époque où elle rédige ce texte, en 2003, Natacha Giafferi est en train d'achever sa thèse intitulée « Aspects contemporains de la question raciale dans la Caraïbe – Étude comparée à partir d'Haïti » (Université d'Aix-Marseille).

D'UN CONTINENT L'AUTRE

Grammaire des mythes bamiléké

par

Charles-Henry PRADELLES DE LATOUR

La grande nouveauté introduite par Claude Lévi-Strauss dans l'interprétation des mythes consiste à les analyser à l'aide de catégories binaires – amont/aval, haut/bas, terre/mer... –, qui présentent plusieurs avantages. Tout en étant très diversifiées, elles sont à la fois intelligibles et directement en prise sur le monde sensible ; d'amplitudes variables, elles peuvent dénoter des hiérarchies par imbrications successives ; partageant une forme identique, elles se prêtent entre elles à de nombreuses compositions – conjonction, disjonction, inversion, etc. –, dont les agencements constituent la grammaire sémantique des récits mythiques. Lévi-Strauss a d'abord utilisé ces couples d'oppositions pour déchiffrer les codes géographique, techno-économique, sociologique et cosmologique qui sous-tendent la geste d'Asdiwal des Indiens de la côte canadienne, puis il les a développés avec une grande élégance dans les *Mythologiques* afin d'analyser les transformations observées d'un ensemble de mythes à un autre. En écho à cette découverte étonnamment heuristique, on va voir que ces catégories s'appliquent, dans une société africaine, à divers domaines – écologie, croyances, parenté –, où elles maintiennent un ordre composé de différences, que la transgression de l'inceste bouleverse, ainsi que l'atteste l'analyse du mythe qui conclut cette présentation.

Les Bamiléké du Centre-Ouest du Cameroun, qui vivent à 1 000 mètres d'altitude sur des plateaux situés entre la savane du Nord et la forêt du Sud, bénéficient d'un climat propice et d'une terre riche, sur laquelle ils pratiquent des cultures intensives et variées. Ces conditions géographiques exceptionnelles ont favorisé la croissance de la population, qui s'est divisée, au cours du XIXe siècle, en une centaine de chefferies. La démographie étant forte, la terre est rare. Dans la chefferie bangoua où j'ai travaillé, la résidence des familles nucléaires est constituée de parcelles de terre entourées de haies vives, dont la contiguïté dessine un magnifique bocage depuis les collines recouvertes d'herbes de savane jusqu'aux forêts-galeries bordant les marigots. Cette distribution écologique favorise les familles installées près des marécages, car les terres y sont plus fertiles et les maisons, protégées des vents violents.

Les notables et les fils des chefs de rang élevé habitent donc dans le fond des vallons, tandis que les serviteurs et les villageois résident sur les hauteurs. Notre représentation de la hiérarchie se trouve inversée : les grands sont en bas et les petits en haut. Les unités de résidence sont également orientées sur un axe bas/haut, au long duquel s'échelonnent l'arbre sacré représentant la divinité, la maison abritant les crânes des ancêtres, la demeure du chef de famille et celles des femmes et de leurs enfants. Les dieux, qui ont toujours leur quartier en bas, sont explicitement associés à l'eau des marigots, source de vie, tandis que les herbes de savane des collines, brûlées chaque année en saison sèche, le sont au feu et à la mort. Les catégories bas/haut, eau/feu, humide/sec, vie/mort, qui se recouvrent terme à terme, s'accordent ainsi avec l'ordre hiérarchique qui donne la prééminence au bas, à l'eau et à la vie sur le haut, le feu et la mort. Ces catégories déterminent un nombre de comportements. Ainsi, pour bénir ses enfants, le père postillonne sur leur poitrine, car la bonne parole est humide, et la malédiction suprême, d'ailleurs jamais pratiquée, consiste à souffler de la cendre sur le visage d'une personne.

Les valences positive et négative de l'eau et du feu, qui ne relèvent que du langage, sont réversibles. Par exemple, dans la sorcellerie, le marigot entouré de forêts-galeries prend une valence négative comme résidence des hiboux vampires auxquels sont identifiées les sorcières, et le feu du haut acquiert une valence positive en tant qu'antidote des vampires. Expression du conflit et du désordre social, la sorcellerie se manifeste ainsi par une inversion des valences de la vie usuelle et quotidienne, que l'on retrouvera dans le mythe exposé plus loin.

Lorsqu'une femme bangoua se marie, elle dit : « Je cuis la maison. » Au sens littéral, le verbe « cuire » indique qu'une femme mariée conjoint en une inversion domestique positive l'eau de la marmite (haut) et le feu du foyer (bas) pour nourrir son mari et ses enfants. Au sens figuré, « cuire » évoque la conception et la gestation, l'eau symbolisant la sexualité des hommes et le feu celle des femmes. Le sperme est appelé « eau de l'homme » ; et quand un adolescent met enceinte une jeune fille, on lui dit : « Puisque tu as versé l'eau, bois-la. »

Les femmes bonnes épouses sont comparées à un bon feu ; les infidèles, à la braise où viennent se brûler leurs amants. La cuisson symbolisant la relation sexuelle, les enfants qui en sont le produit sont assimilés allégoriquement à de la « bonne nourriture ». Comme le nourrisson qui tète sa mère est pour elle métaphoriquement « bon à manger », la relation primordiale mère/enfant est illustrée par la catégorie réversible mangeur/mangé, dont l'ambiguïté est manifeste. Le nourrisson dépend nécessairement de sa mère dans les premiers temps de la vie, mais, si cette relation persiste, elle peut devenir persécutrice et génératrice de sorcellerie.

Pour sortir de cette impasse, les Bangoua accomplissent, un mois après la naissance, un rite qui vise à dissocier l'eau du feu ayant contribué à la « cuisson parentale » et à relier le nouveau-né à la terre de son père en enterrant le petit bout de son cordon ombilical qui tombe par dessèchement quelques jours après l'accouchement. Les Bangoua ne s'identifient pas à un lieu de naissance car, leur langue ne possédant pas la forme passive, ils ne disent pas : « Je suis né à... ». Ils disent : « Ils m'ont engendré », laissant entendre par là qu'ils sont issus de deux familles (paternelle et maternelle) avec lesquelles ils entretiennent des rapports très différents, qui s'expliquent par leur régime de filiation patrilinéaire et par leur alliance matrimoniale.

L'alliance matrimoniale entre deux familles patrilinéaires se concrétise par les paiements que le fiancé verse à sa future belle-famille. Contrairement à une opinion assez répandue, la femme qui se marie n'est pas comparable à une marchandise et le mariage n'est pas une transaction commerciale. En effet, le prix de la future épouse n'est jamais fixé en fonction de sa valeur morale ou physique. En dernier ressort, il dépend de la fortune de la famille du fiancé. En outre, lorsque le fiancé a accédé à la demande, il devient, selon le principe « une femme, une dette », le débiteur de sa belle-famille. Pour comprendre ce phénomène, il faut savoir que, dans la chefferie bangoua, les femmes qui se marient font l'objet de deux transactions matrimoniales, l'une avec leur père, la seconde avec leur grand-père maternel, sans lequel le mariage ne peut être conclu.

Dans un premier temps, le père de la fiancée, très attaché selon la coutume à sa fille, réclame pour la céder un prix exorbitant, que le futur époux ne peut payer. Quelle que soit son offre, celui-ci reste débiteur. Pour se dégager de cette dette infinie, donc persécutrice, il doit faire cadeau d'une chèvre et d'une calebasse de vin de palme au grand-père maternel de la fiancée, qui, n'appartenant pas à la famille patrilinéaire de cette dernière, joue le rôle de tiers entre les deux familles. Pour son grand-père maternel, la jeune fille est une alliée, puisque sa mère ne relève pas du même groupe de filiation que le sien ; il ne peut donc réclamer pour elle qu'un prix conventionnel. Lorsque le fiancé remet au grand-père maternel le montant de ce prix, il est quitte pour la petite-fille, qui est aussi pour lui une alliée, une femme étrangère à sa famille.

La seconde transaction matrimoniale est ainsi scellée par une dette symbolique, qui a plusieurs effets. Elle intègre la fiancée dans la famille de son mari au titre de consanguine, subordonne ce dernier à sa belle-famille et remplit une fonction homologue à l'interdit de l'inceste, qui maintient ici dissociés les statuts d'alliée (petite-fille utérine) et de consanguine (épouse-mère) de la femme échangée. Dans ce cadre, la prohibition de l'inceste ne porte donc pas sur l'acte sexuel, comme le font les règles exogamiques dans l'ordre de la filiation, mais sur une différence langagière : alliée/consanguine.

Parce qu'il représente le lieu de la dette symbolique d'alliance, le grand-père maternel, appelé « père de derrière », ne peut rien donner aux enfants de ses filles. De son vivant, il ne leur offre ni biens ni terres ; après sa mort, il ne leur transmet aucun héritage. Entre grand-père maternel et petits-enfants, aucune réciprocité. En revanche, le père donne en permanence des biens à ses enfants pour les nourrir, les habiller, les élever, les aider à se marier, et transmet son héritage à l'un de ses fils. En contrepartie, ces derniers lui doivent obéissance, l'aident dans ses activités et subviennent à ses besoins pendant ses vieux jours. La relation père/enfants est donc fondée sur une dette de réciprocité.

Ces attitudes contrastées déterminent les fonctions et le discours du « père de derrière » et du père. Le grand-père maternel, qui ne donne rien à ses petits-enfants, les renvoie à une dette symbolique, c'est-à-dire sans contenu, vide de sens ; de ce fait, il ne peut tirer avantage d'un savoir préétabli, validé par les dieux ou les ancêtres. Grand-père maternel et petits-enfants entretiennent une relation banale et publique. En revanche, le père, pourvoyeur de biens, peut récompenser en donnant davantage et punir en privant. Ayant charge d'éducation, il invoque souvent les dieux et les ancêtres pour bénir et maudire. Fait intéressant, quand j'ai demandé aux Bangoua quelle était pour eux la parole la plus importante, celle du « père de derrière » ou celle du père, ils ont répondu : « La première, parce que mon grand-père maternel ne me maudira jamais quoi qu'on dise sur moi. » Autrement dit, le « père de derrière » a pour vertu de respecter les enfants de ses filles dans leur altérité. C'est pour cette raison que, dans de nombreux rites, grand-père maternel et enfants de filles jouent le rôle de séparateurs entre les familles paternelle et maternelle. Cette relation dite « de derrière » sert de recours pour sortir des impasses du présent, mais elle n'est pas viable dans la durée, comme l'est la réciprocité qui fonde les échanges sociaux. Pourtant, que se passe-t-il si la dette symbolique d'alliance est absente ? Un mythe, qui met en scène la transgression de l'inceste, apporte une réponse à cette question.

Il était une fois un chef qui, avant de partir en voyage, déclara à ses femmes que celles qui habitaient du côté droit du palais ne devraient désormais accoucher que de garçons, et celles habitant du côté gauche que de filles. Durant son absence, une femme résidant dans le grand quartier situé à droite donna le jour à une fille qu'elle ne voulut pas tuer ; aussi la cacha-t-elle dans son grenier. Quand le chef, de retour, rendit visite à cette femme, il découvrit la mal-née, car celle-ci urina sur lui par inadvertance. Furieux, il la rejeta dehors, dans une rigole, où elle fut emportée par les eaux de la tornade dans une plantation de palmiers raphias jouxtant la forêt-galerie.

Une quinzaine d'années plus tard, un serviteur qui saignait les raphias pour en extraire le vin de palme attaqua le tronc dans lequel logeait la jeune fille. Quand il frappa le palmier de son ciseau à bois, elle se mit à chanter : « ô, serviteur du chef, prends garde à ma tête : avant de résider ici, j'étais la fille du chef. » Le serviteur, effrayé, alla avertir le chef, qui vint sur les lieux écouter l'enfant chanter. Puis il fit quérir la mère, qui aida sa fille à sortir de l'arbre. Quand celle-ci apparut, elle était petite mais sexuellement bien formée. Le chef lui dit : « Kabangwo, il faut maintenant monter au palais. » Elle répondit : « Comment pourrais-je, puisque mon père m'a abandonnée à la naissance ? » Le chef lui fit alors de nombreux cadeaux afin qu'elle daigne aller résider dans la maison de sa mère.

Quelque temps plus tard, le chef annonça que sa fille allait se marier et il invita tous les prétendants à se présenter. Le jour fixé, les hommes étaient nombreux. Kabangwo passa devant les notables, les grands serviteurs, les villageois, et, s'arrêtant enfin devant un homme couvert de cendres, elle dit : « Voici mon mari. » Cet homme emmena donc sa femme afin qu'elle vive chez lui, mais à chaque marigot à traverser et à chaque barrière à enjamber, elle chantait : « Comment pourrais-je franchir cet obstacle, ne suis-je pas la fille du chef ? » Son mari lui offrit des cadeaux, mais, arrivée sur le seuil de sa porte, elle demanda encore tant de choses que, exaspéré, il la tua et la fit cuire avec des bananes plantains.

Le lendemain matin, la mère de Kabangwo et les coépouses vinrent défricher un champ pour leur fille, comme la coutume le prescrit après le mariage. Elles travaillèrent jusqu'à midi, heure à laquelle leur gendre leur apporta la nourriture qu'il avait préparée la veille. Quand elles prirent la viande dans la main, un petit oiseau se mit à chanter : « Attention ! Si vous mangez cette viande, vous mangez Kabangwo. » Inquiètes, les femmes apportèrent la marmite à leur mari, le chef, qui demanda à l'un de ses serviteurs d'avaler cette viande. Le petit oiseau reprit sa chanson et le chef, comprenant que sa fille était dans le plat, ordonna aussitôt à ses serviteurs d'aller tuer son gendre.

En exigeant que les épouses de l'aile droite accouchent de garçons et que les épouses de l'aile gauche mettent au monde des filles, le chef affiche sa préférence pour les garçons. La droite est le bon et grand côté ; la gauche, le mauvais et petit côté. Dans la vie de tous les jours, les Bangoua mangent avec la main droite et s'essuient la « bouche du bas » avec la gauche. Au regard de cette symbolique fortement marquée dans la pratique quotidienne, le chef indique qu'il veut être uniquement père de garçons. Ne voulant pas être père de filles, il refuse du même coup d'assumer la fonction adjacente de « père de derrière ». Que se passe-t-il donc lorsque l'ordre de l'alliance n'est pas respecté ?

La fille qui naît n'est pas une « bonne nourriture » ; au contraire, elle se manifeste à son père par son urine, et celui-ci la rejette comme des excréments dans une rigole dévalant la pente. N'étant pas reliée par le rite de la naissance à la terre de sa famille paternelle, elle est repoussée en marge des terres habitées dans la forêt. Adolescente belle et pubère, elle réapparaît sous la forme d'une boisson sauvage et enivrante. Mais, bien que sexuée, elle est un bébé ne sachant pas marcher. Kabangwo, littéralement « femme enfant », est entre deux âges, entre deux générations. Le chef lui aussi se conduit à son égard de façon ambivalente. Père quand il lui donne un nom, il est fiancé quand il lui fait des cadeaux réitérés afin qu'elle daigne venir résider dans son palais. Les générations et les statuts de consanguine et d'alliée étant confondus, la prohibition de l'inceste est enfreinte.

De même que le chef ne joue pas son rôle de « père de derrière », Kabangwo n'est pas donnée en mariage. Elle, qui est apparue sous la forme d'une boisson, se donne à un homme couvert de cendres. La symbolique usuelle des sexes (femme-feu/homme-eau) est inversée. Enfin, comme elle ne fait pas l'objet d'une transaction matrimoniale, elle renvoie son mari non pas à une dette symbolique garantie par son grand-père maternel, mais à la dette réelle et infinie qu'elle représente et exige pour elle-même. Les générations étant confondues, les sexes invertis, la relation conjugale est impossible.

En conclusion, lorsque la dette symbolique d'alliance fait défaut, on assiste à un dérèglement en cascade des oppositions binaires village/forêt, eau/feu, consanguine/alliée, fille/femme, père/fiancé, épouse/mari. Car ce sont elles qui, à travers un jeu de représentations, maintiennent la loi sociale, que renverse la transgression de l'inceste, attestant ainsi que la pensée à l'état sauvage et la loi sont étroitement associées. C'est pourquoi Lévi-Strauss a pu écrire : « La logique de la pensée mythique nous a semblé aussi exigeante que celle sur quoi repose la pensée positive, et, dans le fond, peu différente. Car la différence tient moins à la qualité des opérations intellectuelles qu'à la nature des choses sur lesquelles portent ces opérations » (*Anthropologie structurale*, 1958).

Charles-Henry Pradelles de Latour est directeur de recherche au CNRS et membre du Laboratoire d'anthropologie du Collège de France. Il a notamment publié Le Crâne qui parle*, EPEL, 1997 ;* Ethnopsychanalyse en pays bamiléké*, EPEL, 1991 (2e éd.) et* Incroyance et Paternités*, EPEL, 2001.*

La chair de la terre des Mérina

par

Valérie MARTIN

Madagascar présente des taux d'érosion des sols parmi les plus élevés au monde et sa population, constituée à plus de 80 % d'agriculteurs et extrêmement pauvre, est généralement désignée comme responsable. On reproche au paysan malgache, considéré comme un véritable prédateur de son milieu écologique, une gestion irrationnelle de son terroir, s'appuyant sur des pratiques culturales nourries de représentations métaphoriques qui, en apparence, relèvent plus du poétique que du scientifique.

Pourtant, en arrivant en pays mérina, sur les Hautes Terres centrales de la Grande Île, dans le cadre d'une étude géomorphologique, loin des discours alarmistes, j'ai été frappée par l'ordonnance soignée et minutieuse – sous-tendue par une véritable logique d'exploitation – d'un paysage largement mis en culture, alors même que ni le relief ni le climat ne s'y prêtent. Il y avait donc un malentendu. Je me suis alors rappelé combien Lévi-Strauss, lorsqu'il évoque le « bricolage », précis, inventif, fonctionnel, qui caractérise la pensée sauvage, insiste sur sa rationalité, partageant avec la pensée scientifique des mécanismes fondamentaux : les classifications des indigènes cherchent à « mettre en ordre » les faits et « sont comparables à celles que la science continue à utiliser ». Un devoir s'imposait : saisir comment la pensée du paysan malgache, mêlant une foule d'éléments culturels indépendants, rencontre finalement les contraintes de la nature et peut développer une véritable connaissance du milieu. Pour cela, il fallait prendre en compte le fait culturel, dans la mesure où celui-ci formate le paysage à travers les pratiques humaines qui en découlent. Au fil des observations de terrain, une étude ethno-géographique s'est progressivement imposée.

Rencontre entre deux disciplines, l'ethno-géographie étudie l'implication centrale de la culture et des représentations symboliques dans la façon dont les hommes comprennent et transforment leur environnement. La considération même de ces représentations métaphoriques a joué pour moi un rôle clé sur le plan méthodologique, jusqu'à mettre en perspective certains de mes présupposés scientifiques et à revaloriser des pratiques traditionnelles souvent abandonnées. Ces représentations se sont même révélées parfaitement opérantes sur le plan agricole, et non un phénomène parasite dont la science devrait se débarrasser. Le dialogue avec les populations et l'analyse en commun de leur mode de gestion ont mis en évidence certes des divergences entre nos grilles de lecture respectives, mais aussi des points de rencontre insoupçonnés.

Arrivés d'Indonésie par vagues successives, les Mérina ont progressivement investi la partie centrale de l'île, à la fois foyer de peuplement et grenier à riz. À l'opposé des vastes deltas rizicoles de l'Asie du Sud-Est, le paysage très compartimenté se compose d'un ensemble de petites collines rapprochées, entre lesquelles s'insinue une cascade de doigts verts, réseau de bas-fonds entièrement occupé par la riziculture. À 1 200 mètres d'altitude, les températures de saison sèche sont trop fraîches pour la culture du riz et la saison des pluies, qui n'assure pas une récolte suffisante, apporte parfois des cyclones ravageurs. À l'évidence, on est confronté à un paradoxe : si les traces d'érosion sont réelles, les pans de versants écroulés côtoient un ensemble de parcelles minutieusement mises en culture.

Quelle lecture les Mérina ont-ils de cet espace ? Quel découpage opèrent-ils pour l'exploiter ? En accord avec la pratique multiséculaire d'un savoir traditionnel importé d'Indonésie, le paysage est perçu comme un vaste organisme humain. Les mots du corps sont partout pour désigner l'espace : ici est la « tête », là le « derrière », les canaux d'irrigation sont des « vaisseaux » et le sol est appelé « chair ».

Une telle projection anthropomorphique, généralement considérée comme le reflet d'une pensée naïve, empirique et primitive, reste méprisée par les scientifiques occidentaux qui agissent directement sur le terrain. Au premier abord en effet, on croit qu'il n'y a pas d'objectivation du milieu, et l'emploi de termes du corps pour circonscrire les espaces semble indiquer une relation fusionnelle avec l'environnement, trop subjective, tributaire d'une difficulté à sortir de soi, et qui, au final, devrait déboucher sur une connaissance erronée du milieu. Lévi-Strauss n'a eu de cesse pourtant de souligner la valeur épistémologique de ce mode de connaissance. De fait, il ne s'agit pas, chez les Mérina, d'une simple projection. Efficace, la référence au corps indique une conscience très élaborée de relations fonctionnelles communes au corps et à l'écologie, qui derrière sa symbolique relève de l'objectivité, comme cela apparaît à travers le découpage de l'espace opéré par les Mérina.

Comme nous, ils distinguent deux unités principales de paysage : les collines et, plus bas, les rizières irriguées. Pour le scientifique, la colline est une unité en soi, que l'on doit caractériser et analyser selon différents critères : les roches, les sols, la topographie, la végétation, afin de rendre compte de sa genèse et de son fonctionnement. Les Mérina, quant à eux, procèdent autrement.

La *tanety* (colline) est le domaine de l'élevage, des cultures pluviales, mais aussi de l'érosion. Sur la *tanety*, trois espaces distincts concentrent plusieurs critères en même temps, en relation principalement avec l'aptitude culturale de chaque espace, comme la disponibilité en eau, qui dépend de la topographie et de la qualité du sol. La partie haute de la colline, appelée *tampon-tanety*, renvoie à *tampony* (sommet du crâne). Bien que plane, elle est peu cultivée car la « chair de la terre » (*nofon-tany*), rouge sang, est peu épaisse et s'assèche vite. Est aussi signalée la présence d'un « os de la terre » (*taolan-tany*) peu propice à la culture, qui se révèle correspondre à un sol argileux sous-jacent stérile.

En contrebas, c'est le *tehezan-tanety* (flanc de la colline). Aménagée en terrasses, cette partie est la plus cultivée malgré sa forte déclivité. Les classifications scientifiques estiment qu'une pente supérieure à 12 degrés constitue une limite au-delà de laquelle la mise en culture est inutile. Or les Mérina installent des parcelles sur des pentes de plus de 60 degrés, là où ils ont constaté que la terre, souvent très riche, est propice à la culture. Ils expliquent que les sols y sont *haboca* (jaune orangé), indice de fertilité, et les labours, ou « bouches de travail » (*vava-asa*), faciles à mettre en place car la terre est « à robe douce » (*mamely volo*), c'est-à-dire légère. La base de la colline, appelée « derrière de la colline » (*vodi-tanety*), est aussi très recherchée, car la « chair de la terre » y est épaisse (*lalin-nofo*).

Ainsi les Mérina parviennent-ils à distinguer des qualités culturales nuancées sur des sols que les scientifiques analysent globalement comme ferrallitiques, c'est-à-dire chimiquement pauvres. Finement répertoriées par les paysans en fonction de l'intensité de leur couleur – rouge, rouge orangé, rouge sang de bœuf –, les terres des collines indiquent différents degrés de fertilité. Dans un contexte géographique où la forme de relief dominante est la colline, les Mérina trouvent un intérêt évident à exploiter les surfaces fertiles disponibles, même si le rendement reste médiocre.

La représentation organique du paysage renvoie à une perception dynamique du milieu, une dynamique naturelle mais aussi construite par les nombreux aménagements qui quadrillent le terroir. Cela s'exprime par un réseau complexe de « veines », « vaisseaux » ou « nerfs » (*hozatra*), autant de canaux d'irrigation ou antiérosifs qui relient la colline aux bas-fonds, essentiellement consacrés à la culture du riz.

Étant donné la place centrale qu'occupe la rizière pour les Mérina, les termes empruntés au corps ont dans cet espace une valeur symbolique encore plus forte. C'est sur la base d'un système binaire classique, bien connu des anthropologues et largement décrit par Lévi-Strauss comme un mode de classification efficace, que les Mérina donnent à voir la structuration de leur espace. L'opposition *loha* (tête) et *vody* (derrière) est plus particulièrement utilisée pour organiser d'amont en aval l'espace consacré au riz. Elle induit en effet des notions d'ordre, de hiérarchie et de qualité, la tête (*loha*) étant fortement valorisée. La présence ou non de l'eau et son comportement vis-à-vis de la pente et des sols participent aussi au découpage de la rizière.

Ainsi, les rizières « tête de champ » (*lohasana*) sont les plus recherchées. Situées à l'amont du réseau général, elles ne sont pas sous la dépendance des aléas climatiques puisqu'elles sont irriguées par les « yeux de l'eau » (*masondrano*), sources que l'on ne trouve qu'à l'amont. À l'intérieur de la rizière, les Mérina distinguent trois sous-parties : la tête (*loha*) à fond plat, gardant l'eau ; l'*ati-tany* (foie de la rizière) au centre, avec une pente plus accentuée mais qui retient bien l'eau grâce à la qualité de ses sols ; enfin, plus en aval, le « derrière de la rizière » (*vodi-tany*), de moindre valeur. L'eau des sources, qui inonde d'abord les rizières de tête, s'écoule en moindre quantité vers le « postérieur de l'eau » (*vodirano*), partie en aval du bas-fond où les rizières sont moins prisées, car sous la dépendance des eaux de pluie.

Le découpage binaire en *loha* (tête, haut, nord) et *vody* (derrière, bas, sud) recouvre aussi une symbolique forte dans d'autres domaines de la vie quotidienne des Mérina. Cette hiérarchie qualitative et topographique trouve un écho dans la hiérarchie sociale : les rizières hautes sont généralement attribuées aux notables ou au fils aîné, alors que celles du bas appartiennent aux roturiers ou au second fils. *Lohampianakaviana* (tête de famille) désigne le chef de famille, lohavohitra (tête de village), le village principal. Dans le même ordre d'idées, les Mérina disposent leurs maisons selon un axe nord-sud, les plus prestigieuses – celle du chef du village par exemple – étant situées au nord (*loha*), par opposition aux maisons situées au sud (*vody*). D'une manière générale, tout ce qui est *vody* est déprécié. C'est pourquoi on dort la tête au nord et on balaie toujours du nord vers le sud afin de respecter la dimension symbolique, voire le caractère sacré, de cette orientation.

Le fait que les Mérina utilisent des termes identiques pour donner du sens aux structures sociales et écologiques semble indiquer que c'est la valeur symbolique des mots qui est prioritairement retenue, aux dépens d'une analyse plus objective. En réalité, les deux dimensions ne sont pas incompatibles. Chez les Mérina, le symbolique et l'objectif s'enrichissent mutuellement dans un entrelacement non conflictuel entre l'organisation socioculturelle et une gestion du territoire reposant sur une connaissance très fine du milieu. De là on retiendra surtout qu'il existe une forte relation entre le milieu écologique et la culture d'une société, et que cette relation n'est pas nécessairement synonyme d'ignorance et d'incompétence.

Nos grilles de lecture scientifiques, stables et thématiques, présentent l'avantage d'être appliquées à différents milieux. Celle des Mérina est relative, elle superpose divers critères et elle change dans le temps et dans l'espace, en fonction des aménagements apportés au terroir. Témoin les stratégies que déploient les Mérina pour contrer les manifestations de l'érosion. Les paysans sont toujours désignés comme les principaux responsables de la formation des *lavakas*, formes d'érosion catastrophique qui lacère les versants. L'analyse scientifique montre pourtant que ce phénomène, avant tout naturel, est lié à l'assèchement du climat qui a débuté au quaternaire, avant l'arrivée de l'homme sur la Grande Île.

Il n'en reste pas moins vrai que les Mérina provoquent parfois l'éboulement de pans de versants, alors même qu'ils prennent soin de quadriller le paysage de systèmes antiérosifs. C'est qu'en réalité, plutôt que de considérer le phénomène comme une fatalité à maîtriser à tout prix, les Mérina l'exploitent. Si, en les recouvrant de matériel impropre à la culture, un éboulement risque de stériliser les rizières en contrebas, il laisse aussi apparaître sur les versants des sols sous-jacents plus fertiles. Dégageant au pied de la colline un espace élargi pour la mise en place d'une nouvelle rizière, il offre ainsi des sols riches, utilisés comme engrais pour bonifier les terrains ou consacrés aux cultures pluviales.

L'érosion, qui n'est pas nécessairement perçue comme une catastrophe par les Mérina, renvoie à des catégories du malheur et de l'événement qui, différentes des nôtres, peuvent bénéficier de l'éclairage particulier de l'anthropologie. Si l'érosion des Hautes Terres entraîne une perte écologique irrémédiable, c'est principalement celle de la couche supérieure stérile. Quant à la modification du paysage, elle ne suscite manifestement aucune angoisse chez les Malgaches, qui ne rencontrent pas nos attendus de protection de la nature. D'ailleurs, n'oublions pas que nos propres attendus en ce domaine, s'ils se veulent raisonnables, sont imprégnés de tout un imaginaire concernant la nature, et manquent quelquefois d'objectivité.

Envisager une étude géographique sous l'éclairage particulier de l'ethno-géographie permet donc de dissiper bien des malentendus, en partie responsables de nombreux échecs dans la politique du développement. Il ne s'agit pas d'analyser le fait culturel de façon indépendante, mais d'identifier les mécanismes qui relient faits de culture et gestion du territoire. D'une part, parce qu'ils sont riches d'enseignements pour nos sociétés ; d'autre part, parce qu'il est important de mettre en place le moyen de dialoguer avec ces sociétés traditionnelles de plus en plus souvent en contact avec notre culture.

Il ne s'agit pas de recueillir, à la manière de certains ethnologues et ethnographes, des données décrivant des spécificités culturelles fixes et immuables ; cela présente le risque d'isoler, d'enfermer les populations dans une image figée, ne leur laissant pour choix qu'une acculturation à marche forcée. Il s'agit au contraire de comprendre ces particularités comme des phénomènes actuels, susceptibles d'évoluer et de se modifier au contact d'autres sociétés. En important d'Asie leurs méthodes traditionnelles de riziculteurs et en les adaptant à un milieu très différent, les Mérina montrent bien le caractère dynamique et évolutif de la tradition. L'ethno-géographie n'est pas une simple perspective culturaliste ou relativiste ; son but n'est aucunement de survaloriser la pensée sauvage, mais de la revaloriser dans une perspective humaniste en travaillant à l'interface de la géographie et de l'anthropologie.

Valérie Martin est journaliste et géomorphologue.

La pourriture sacrée des Otomi

par

Jacques Galinier

Les Indiens du Mexique central sont-ils adeptes d'une pensée classificatoire, mythique ou sauvage ? Entrent-ils dans les modèles construits par Durkheim, Cassirer ou Lévi-Strauss ? Au terme de plus de trente années d'allers et retours entre la France et le pays otomi, j'avoue n'avoir toujours pas réussi à trancher dans ce débat. En revanche, s'est imposée à mes yeux une évidence que j'ai longtemps refusé de prendre en compte : la pensée des Otomi entretient sur de nombreux points des analogies très troublantes avec celle de Freud. À juste titre, les anthropologues sont particulièrement hostiles à toute application mécanique à des sociétés exotiques de théories qui, en Occident même, sont aussi controversées que peut l'être la psychanalyse. C'est pour cela qu'il convient d'examiner une telle proposition avec la plus extrême prudence.

Mais d'abord, qui sont les Indiens Otomi ? Ils n'ont certes pas la visibilité des Mayas et de leurs descendants, n'ont laissé aucune trace de civilisation spectaculaire comme leurs voisins aztèques, bien qu'ils aient constitué une des plus importantes populations du Mexique préhispanique, et sont actuellement plus de 300 000 (le nom « otomi » leur a été attribué par ces mêmes Aztèques pour stigmatiser des êtres réputés frustes, bornés, au dire même des missionnaires). Aujourd'hui encore, les Otomi demeurent des paysans misérables. Superficiellement évangélisés au lendemain de la conquête espagnole, ils ont été durablement enfermés dans un système d'exploitation coloniale avant d'être pris dans les turbulences de l'occidentalisation. Quelques-uns ont développé un artisanat de Mexican curious qui s'étale dans les boutiques des aéroports, tandis que d'autres continuent à vivre très au-dessous du seuil de pauvreté sur les contreforts escarpés de la Sierra Madre orientale. Désormais, certains voient leurs terres traversées par les autoroutes ; d'autres s'entassent dans les bidonvilles de Mexico, mégapole de plus de 20 millions d'habitants ; enfin, nombre d'entre eux tentent leur chance « de l'autre côté », en Californie, à New York ou en Floride, entretenant une économie de perfusion qui assure la survie de leur village d'origine.

Compte tenu de tous ces bouleversements, que reste-t-il d'« indien » dans une culture aussi chahutée par le rouleau compresseur de la mondialisation ? À mon avis, l'essentiel – c'est-à-dire ce qui relève de l'énigme – ne se donne pas à interpréter dans les fêtes catholiques, célébrées toujours avec dévotion autour de la figure tutélaire du saint patron local. Quel serait cet essentiel ? Quelque chose d'indicible, de monstrueux, qui remonte à un lointain passé d'avant la conquête et qui a été subtilement camouflé derrière une apparente soumission à la religion chrétienne et à l'ordre imposé par les envahisseurs. Rapportons quelques faits capables d'éclairer les aspects les plus obscurs de la culture otomi. Tout d'abord, la présence obsédante de la mort, non seulement parce qu'il règne une violence endémique dans ces sociétés paysannes où pauvreté, déréliction et alcoolisme se conjuguent pour en rendre la présence quotidienne, si familière ; mais, plus encore, parce que tout ce qui se rapporte à la dégénérescence, à la pourriture, à la souillure fait l'objet d'une véritable délectation. Ainsi, la terminologie de parenté elle-même a de quoi surprendre : les grands-pères sont des « pères pourris » (*sihta*), les arrière-grands-pères, des « vieilles enveloppes paternelles pourries » (*pösihta*), la femme est une « pourriture qui épouvante » (*sisu*). L'ethnologue (masculin) n'échappe pas à cette jubilation taxinomique et se voit à son tour attribuer la dénomination prestigieuse *sâzubi* (« femme excrément puant »). À travers les mots d'esprit, dont les Otomi font un usage immodéré, il ressort que les termes « pourriture » et « puanteur » sont sans cesse sollicités pour exprimer tout ce qui a trait au sacré, c'est-à-dire avant tout à la peau, marqueur privilégié de l'identité otomi, à son flétrissement, à son pourrissement.

À vrai dire, on ne peut saisir cette étrange façon de voir le monde que si on la rapporte à un acte sacrificiel, dont le modèle emblématique est celui qui intervient lors du coït, lorsque le sexe de l'homme est absorbé, sectionné par un monstrueux vagin denté, englouti dans un corps féminin, qui en fera sa créature, sa « petite queue », l'enfant à naître. Cet acte de coupure, *makhwani* (littéralement : « endroit de la vérité »), intervient au moment de l'orgasme – cette « vision claire » (*numâho*) qui révèle les contours de l'univers dans une sorte de dévoilement fugace, celui que découvrent les adolescentes lors de la défloration (toujours le thème de l'écorchement) –, instant métaphorisé comme une « connaissance du monde » (*pâ ra simhoi*). Retenons à ce propos que *simhoi* désigne aussi bien un des avatars du diable, encore dénommé *tâskwa* (« grand pied pourri »), allusion à ce même sacrifice du « pied », c'est-à-dire de son pénis. Cette amputation est décrite comme un « manque » par un terme, *mbeti*, qui signifie encore « richesse », « abondance », et peut même s'appliquer au dollar américain. Incohérence de la pensée ? Sûrement pas, car lors du surgissement de ce manque, c'est bien le corps féminin, prédateur par excellence, qui rafle la mise. À cet instant, on commence à entrevoir quelques effets d'une logique symbolique très particulière, en vertu de laquelle le plein est aussi le vide, le haut le bas, le beau le laid, le féminin le masculin, jugements de vérité qui permettent de qualifier à merveille les attributs d'une figure majeure de la religion otomi, ce *diablo* en majesté, acclimaté en pays otomi à l'aube même de l'évangélisation.

Encore aujourd'hui, la vision du monde des Otomi fait ressortir que les mécanismes de fonctionnement de la machine cosmique sont les mêmes que ceux qui animent le corps humain. Ce corps est divisé entre une partie haute – solaire, contrôlée par la religion catholique – et une partie basse – lunaire, la partie otomi. Opposition ramassée en une formule : *mate okhâ*, *mate zithû* (« mi-Dieu, mi-diable »). La pensée possède une localisation abdominale, prend sa source dans le bas du corps, dans un Vieux Sac (*tözâ*), identique à celui qui se trouve situé dans le monde d'en bas. Certaines images mentales, en rapport avec le sexe ou la mort, échappent à la conscience et s'échangent d'un support corporel à l'autre par le biais de phénomènes de possession et surtout des rêves, le corps humain n'ayant pas d'autonomie propre.

Le lecteur se demandera, à juste titre, comment l'ethnologue parvient à trouver trace de telles spéculations, alors que les Indiens mexicains ont la réputation d'être plutôt victoriens et que la littérature – à de rares exceptions près – reste totalement muette sur tout ce qui, dans ces sociétés, concerne la « chose sexuelle ». Une seule porte d'entrée : l'écoute des gens, surtout à la faveur des beuveries apocalyptiques dans les cantinas du village où, dans les relents de vomissures, des confidences éructées, au bord du coma éthylique, ils expriment cette « parole de vérité » qui est aussi celle des mythes, lesquels ne peuvent être révélés que dans ces étranges circonstances. Et puis, il y a le carnaval qui, à l'instar du diable, a connu une diffusion épidémique sur les pas des conquérants. Il a permis d'« encapsuler » des pratiques et des croyances disqualifiées par les conquistadors, au nom du glaive et de la croix. Les sociétés indiennes de l'Amérique hispanique des cordillères n'ont pas toutes pu saisir la chance historique qui leur était offerte de maintenir leur patrimoine culturel sous les oripeaux de la religion du Christ. Les Otomi se sont engouffrés dans cette voie avec une évidente satisfaction.

Pour le carnaval, c'est un véritable tableau du « monde d'en bas », du Vieux Sac, que nous offrent les cohortes d'acteurs jaillissant de la brousse, poussant des cris à faire frémir : les prestigieux Pères Pourris (*sihta*), démons de la végétation naguère enveloppés de mousse espagnole, au visage dissimulé derrière des masques grimaçants (protégés par un anonymat permettant de régler des comptes de manière souvent sanglante) ; mais aussi le Vieux Sac (précisément !), acteur au masque noir, lunaire, avec son nez phallique protubérant ; le Soldat ; le Fou en costume rayé ; l'Ingénieur (censé répandre des pesticides pour anéantir les Indiens) ; le Médecin (qui vient effectuer des injections à dose létale) ; le Licenciado (avocat véreux) ; ou encore Marilyn Monroe, El Travueltas (John Travolta), l'Ethnologue, Adolf Hitler et – tout récemment – Ben

Laden ; les Dames (incarnation de prostituées métisses, muettes, tourbillonnant pour dévoiler leurs attributs virils) ; le Diable, ivre, obscène, qui opte pour le suicide ; le Comanche, l'Indien sauvage du Nord, volontiers sodomisé ; enfin, le Vieux Père, ou Grand Phallus Cosmique (*hmûyântö*), et, rôle tenu par un homme, la Vieille Mère, cette Femme Folle d'Amour (*hörasu*) qui, au terme d'un coït violent, accouche d'un Petit Diable, qu'il (elle) tient serré dans les bras, poupon noir vêtu de rouge ou Barbie blonde aux yeux clairs, devenus à leur tour des Petits Pères Pourris. Et là, nouveau paradoxe, tous ces personnages aussi fascinants que repoussants nous révèlent qu'ils sont autant d'ancêtres de la nation otomi, déboulant dans le présent au mépris de la logique des sexes, et de toute chronologie. Le Vieux Sac se moque de la temporalité.

Grâce à ces parodies carnavalesques, tous les Otomi ont donc une image très précise des contenus de cet espace infrachtonien et intracorporel. On rétorquera que c'est aller un peu vite en besogne, et que les Indiens ne confondent pas le dedans et le dehors. Et pourtant... Chez les Otomi, les frontières du corps ne coïncident pas avec celles de la personne, puisque certains éléments comme les âmes, l'ombre, ou l'alter ego animal (ou végétal), dont le destin est indissociablement lié à celui d'un individu donné, bénéficient d'un statut d'extraterritorialité en quelque sorte. Que penser aussi du sentiment d'« inquiétante étrangeté », Freud *dixit*, que procure la rencontre d'un individu croisé la nuit, sur le chemin : un parent, un ancêtre métamorphosé, le diable, un jaguar ? De quel territoire procède-t-il ? Jaillit-il d'un rêve, puisque, comme dans le film de Woody Allen *La Rose pourpre du Caire*, on peut entrer et sortir de l'écran sur lequel se déroule le spectacle onirique, s'endormir paisiblement dans un paysage vallonné ou bien dans les cauchemars, *bithâ* (« sommeil-excrément »), traverser des canyons au sommet desquels rit à gorge déployée une Lorelei platinée aussi ensorceleuse qu'effrayante ?

Maintenant que le décor est planté, revenons à Freud et à sa métapsychologie, en gardant à l'esprit l'idée qu'il est fort dangereux de pétrifier des concepts clés de l'inventeur de la psychanalyse sans tenir compte de l'évolution de sa pensée, en particulier sur l'hypothèse de l'inconscient, et du passage de la première à la deuxième topique. À l'évidence, les Otomi constituent un gibier de choix pour un Hermès psychanalyste. Récapitulons : une érotisation effrénée du langage et une place démesurée accordée à la mort et à la chose sexuelle conçues comme un seul et même moteur ; une pensée qui ne se plie pas au principe de non-contradiction ; une science des rêves qui oppose un contenu immédiat, trivial, et un contenu secret, la « vérité » du récit onirique ; la croyance en cette autre peau qu'est le Vieux Sac, enveloppe d'images mentales, situé à la fois dans la partie abdominale du corps et dans le monde souterrain, où s'empilent des représentations échappant à la conscience et qui se voient interdites de séjour, un monde décrit en termes de forces, d'espaces cachés, d'ouverture, de déplacement de puissances, de hiérarchies d'instances contrôlant le monde nocturne.

Cette dimension non seulement secrète, mais en profondeur des phénomènes psychiques renvoie à des pans entiers de la métapsychologie freudienne, même s'il existe bien une sorte de confusion entre pulsions et représentations... versées dans le même sac. Y renvoie aussi l'idée selon laquelle, pour être puissant, il convient de passer par une phase sacrificielle de coupure, mutilation symbolique censée décider non seulement de la sexuation, mais du destin psychique de chaque individu otomi. Ailleurs, j'ai tenté de montrer comment le triple point de vue de la métapsychologie freudienne, topique, économique et dynamique, pouvait s'appliquer à cette doctrine amérindienne, tout en signalant les limites d'une telle analogie. Topique, de par l'existence de la métaphore du Vieux Sac, qui permet de décrire des espaces dans lesquels circulent ces forces qui prennent le nom d'entités souterraines ; économique, car ces dernières sont organisées selon un principe hiérarchique identique à celui qui assure l'ordre dans le village indien, et de plus nommées « juges », « présidents », « policiers » ; dynamique enfin, parce qu'elles sont en conflit permanent, conflit pensé, exprimé, en termes politiques.

On le voit, cette doctrine prétend rendre compte de la réalité du « monde d'en bas »... mais au prix d'une expulsion du véritable sujet de l'inconscient, ce qui rend d'emblée problématique toute comparaison avec la théorie freudienne. C'est pourquoi l'idée d'une prise en charge par la société elle-même du travail psychique individuel me paraît particulièrement intéressante, car elle montre aussi les limites de cette quête du Graal métapsychologique. En restant patiemment à l'écoute de pareils témoignages, on devine à la fois l'extraordinaire puissance d'investigation de la psyché déployée par ce système de pensée et le point où il bute, nécessairement, parce qu'il s'agit d'un assemblage conceptuel qui vise à comprendre, à manipuler, à canaliser la violence individuelle et à la nommer à travers la grille d'une authentique vision du monde. Là se séparent radicalement, et peut-être définitivement, la pensée freudienne et celle des Indiens Otomi, à l'« endroit de la vérité ».

Jacques Galinier est directeur de recherche au CNRS, membre du Laboratoire d'ethnologie et de sociologie comparative à l'Université de Paris-X – Nanterre. Il a notamment publié La Moitié du monde – Le corps et le cosmos dans le rituel des Indiens Otomi *(PUF, 1997).*

Les Andins croient-ils aux incubes ?

par

Valérie Robin

« La valeur du mythe comme mythe persiste, en dépit de la pire traduction. Quelle que soit notre ignorance de la langue et de la culture de la population où on l'a recueilli, un mythe est perçu comme mythe par tout lecteur, dans le monde entier », écrit Claude Lévi-Strauss dans *Anthropologie structurale*. Mais jusqu'à quel point ce mythe est-il compréhensible hors de son cadre de narration ? Cette approche décontextualisée ne risque-t-elle pas d'escamoter certains enjeux propres à la société qui le produit ? Comme le faisait remarquer Jack Goody (*The Domestication of the Savage Mind* ; *La Raison graphique – La domestication de la pensée sauvage*, Minuit, 1998), si les individus sont contraints par les structures du mythe, ils n'en sont pas prisonniers. Ils peuvent s'en servir de manière générative, pour produire de nouvelles métaphores et chercher de nouvelles solutions à leurs problèmes. C'est ce que je vais tâcher de montrer à travers l'analyse de récits quechua provenant de communautés andines du sud du Pérou. Nous verrons comment la prise en considération du contexte historique et social est susceptible d'éclairer le sens de ces récits.

Mon enquête ethnographique a été menée dans la province de Chumbivilcas, dans le département de Cuzco, connu pour être l'ancien centre historique des Incas, auprès de personnes qui vivent dans des communautés paysannes situées entre 3 600 et 4 500 mètres d'altitude, et qui parlent le quechua. Contrairement à une idée courante, le terme « quechua » ne désigne pas une ethnie mais une langue répandue sur de vastes territoires : Pérou, Colombie, Équateur, Bolivie, Argentine. Dans les Andes sud-péruviennes, elle est parlée à la fois par les communautés paysannes et par l'ensemble de la société andine provinciale, urbaine et rurale – commerçants, petits propriétaires terriens, même si ces derniers s'expriment également en espagnol. Il est donc impropre de parler de « Quechuas », catégorie à laquelle les paysans andins ne s'identifient d'ailleurs jamais. Seuls certains membres des élites locales se font éventuellement les porte-parole d'une telle identité.

Les populations vivant en communautés se distinguent du reste des habitants de la région principalement par leur organisation sociale. Personnalité juridique à vocation agropastorale, la communauté jouit d'une certaine autonomie politique : elle est soumise à l'autorité d'une assemblée générale, présidée par une direction composée de représentants élus qui gèrent les affaires internes. Les membres qui la composent sont unis par des liens de parenté plus ou moins proches, et aussi par la réalisation collective de travaux d'intérêt général (construction d'écoles, de salles de réunion...). Certaines terres sont utilisées par tous les habitants à tour de rôle ; d'autres appartiennent à une famille en particulier. Si l'on cherche à définir une identité propre à ces populations andines, c'est à l'importance symbolique et matérielle que revêt l'organisation sociale de la communauté paysanne qu'il faut s'attacher, son territoire constituant un patrimoine collectif.

L'origine des communautés remonte à la fin du XVIe siècle, lorsque le pouvoir colonial espagnol a regroupé la population conquise, qualifiée de façon générique d'« indienne », au sein de villages-communautés, ou réductions. Leur organisation est calquée sur le modèle des communautés paysannes ibériques et leur mise en place vise à un meilleur contrôle politique, économique et religieux sur les Indiens. À l'indépendance du Pérou en 1821, l'État républicain cesse de protéger juridiquement ces territoires, d'où la spoliation de nombreuses terres communautaires par les propriétaires d'haciendas. Il faut attendre la Constitution de 1920 pour que les communautés soient de nouveau légalement reconnues, sous le nom de « communautés indigènes » (*comunidades indígenas*).

Avec la réforme agraire de 1969, les communautés indigènes deviennent des « communautés paysannes » (*comunidades campesinas*). « Paysan » (*campesino*) s'impose alors comme terme officiel pour qualifier ces populations qui, depuis, continuent à s'identifier ainsi. L'adoption de cette nouvelle étiquette semble clore l'époque où « indigène » et « indien » exprimaient une relation de subordination vis-à-vis de la bourgeoisie terrienne. Ainsi, « indien » est aujourd'hui exclusivement utilisé comme une insulte par les membres des communautés paysannes eux-mêmes, dans des contextes tels que « indien voleur » (*suwa indio*), « indien sale » (*qhilli indio*) ou encore « indien paresseux » (*qilla indio*). J'emploierai donc le mot « paysan » pour désigner ces populations, en excluant à leur instar « indien », qui reste associé à un statut très dévalorisant.

Jusqu'aux années 1960, dans la province de Chumbivilcas, de nombreux conflits, surtout fonciers, ont opposé régulièrement les membres des communautés aux propriétaires d'haciendas, appelés *mistis* (métis) par les premiers. La plupart des haciendas se sont formées entre le milieu du XIXe siècle et les premières décennies du XXe. Afin d'étendre leurs domaines, les *mistis* ont expulsé les paysans des terres qu'ils convoitaient, par le biais d'expéditions armées. La concentration du pouvoir socio-économique et politique aux mains des *mistis* ne laissait aux paysans qu'une faible marge de manœuvre pour contrer ces forfaits. Le recours aux autorités officielles ne pouvait s'effectuer qu'à l'extérieur de la province, car les postes clés de la justice et du pouvoir politique local étaient tenus par les propriétaires terriens eux-mêmes... Les *mistis* soumettaient ceux qui n'obéissaient pas à leurs ordres, ou se rebellaient contre leurs exactions, à toutes sortes de châtiments corporels. Le souvenir douloureux de cette époque de luttes, de violences et d'impunité totale reste très présent dans la mémoire des paysans.

Comme nous allons le voir, cette étape de l'histoire andine a d'ailleurs laissé des traces dans la tradition orale des communautés paysannes de la région. Christianisées depuis le XVIe siècle, celles-ci perpétuent dans leurs récits des personnages que l'on peut qualifier de « mythiques », au sens même où l'entend Claude Lévi-Strauss puisqu'ils ont vécu dans des temps primordiaux. Appelés « Gentils » – c'est-à-dire païens –, ces êtres préculturels peuplaient la Terre avant l'apparition du Soleil et de l'humanité actuelle, vivant à la seule lumière de la Lune. Le premier lever du Soleil tua tous les Gentils en les brûlant et permit l'avènement de la société civilisée et chrétienne contemporaine.

Aujourd'hui, les membres des communautés reconnaissent dans les ossements et les momies trouvés dans les ruines préhispaniques les restes de Gentils. Ces personnages font l'objet de discours contradictoires. Si leur identité païenne les définit comme des préhumains avec lesquels toute filiation est niée, ils sont cependant désignés comme des « ancêtres » (*ñawpa machukuna*) en tant que fondateurs des communautés actuelles. Leur présence matérielle légitime la propriété foncière collective, les Gentils apparaissant comme une projection imaginaire de l'institution et de l'identité communautaire. En même temps, le comportement des Gentils, qui ont vécu dans la sauvagerie du paganisme, incarne l'inversion des normes sociales. Ambivalents par nature, ils peuvent se manifester de façon malveillante aux humains et être source d'infortune et de maladies, car parfois leurs restes reviennent à la vie, de nuit, et particulièrement lors de la pleine lune.

Les récits concernant leurs attaques, largement répandus dans les Andes, mettent en scène des relations sexuelles entre un Gentil et une paysanne. Historiquement, les abus sexuels attribués aux Gentils sont sans doute à mettre en rapport avec la diabolisation que subirent les figures ancestrales à l'époque coloniale sous l'action des missionnaires. La démonologie a occupé une place très importante au Pérou à partir du XVIIe siècle et le démon péruvien se fait alors volontiers incube et succube.

Je présenterai rapidement la trame de ces récits, généralement considérés comme avérés, même s'ils sont fortement stéréotypés. Ayant revêtu une apparence humaine, le Gentil réussit à séduire une femme par divers subterfuges. Il prend la forme, par exemple, de l'époux revenu plus tôt de voyage ou d'un amant désiré. Les rapports charnels avec le Gentil se produisent toujours de nuit et la rencontre a lieu dans un endroit isolé ou au domicile de la paysanne lorsqu'elle se trouve seule, c'est-à-dire sans aucun témoin. Au fil du temps, la femme s'interroge sur le comportement étrange de son bien-aimé. En effet, il s'en va chaque fois avant le lever du jour et ne revient qu'à la nuit tombée. Finalement, elle décide de le suivre et s'aperçoit que son amant se réfugie dans des ruines. Lorsqu'elle découvre sa cachette, elle n'y trouve que des ossements. Comprenant alors qu'il n'était pas un être humain mais un Gentil qui l'a trompée et a abusé d'elle, souvent la femme tombe malade, et parfois finit par décéder.

Le personnage du Gentil est généralement présenté sous les traits d'un paysan d'une communauté. Pourtant, dans la plupart des versions de ces récits recueillies à Chumbivilcas, comme dans la communauté de Lutto, les Gentils prennent l'apparence physique et comportementale des *mistis*. Comment comprendre que les Gentils, reconnus comme les fondateurs de leurs communautés, puissent être identifiés à des propriétaires terriens, étrangers au groupe social paysan ? En fait, ces deux catégories de figures partagent une série de points communs et jouissent d'un pouvoir symbolique très important, les premiers sur le plan surnaturel, les seconds sur le plan social. Si les *mistis* possèdent le pouvoir économique au niveau local, les Gentils sont associés aux richesses dont regorgeraient les ruines où ils résident. Quant à la domination des *mistis*, notamment à travers le contrôle du pouvoir politique, elle trouve son parallèle dans la puissance prédatrice des Gentils et dans leur rôle de maîtres des ressources de la communauté.

Surtout, l'analogie singulière entre Gentil qui abuse des paysannes et *misti* doit être mise en rapport avec l'expérience traumatisante vécue dans leur chair par les paysans. En effet, à la violence physique déployée par les propriétaires à l'encontre des membres des communautés lors des spoliations de terres, il faut ajouter les viols de paysannes qui ont marqué l'histoire de cette province. L'avilissement infligé par la possession sexuelle inscrivait visiblement dans le corps dominé l'empreinte de la puissance du dominant. Prenant la forme d'une tactique politique orchestrée, le viol doit être compris ici comme l'affirmation de la supériorité des propriétaires terriens sur les paysans. C'est pourquoi ces agressions sexuelles concernaient uniquement les femmes des communautés. De plus, les paysans devaient fournir une main-d'œuvre gratuite aux nouveaux « propriétaires » des terres annexées aux haciendas, ce qui s'est fréquemment accompagné d'un droit de cuissage sur les jeunes filles. Les témoignages et les documents d'archives (plaintes préfectorales, procès...) attestent d'un comportement devenu si banal qu'il semble avoir relevé de l'habitus des propriétaires terriens de la région. On le rencontrait il y a encore une trentaine d'années – avant que la mise en place de la réforme agraire ne démantèle le système féodal de tenure des terres et les relations de servage qui lui étaient liées.

En arrière-plan des textes qui évoquent les relations sexuelles entre paysannes et Gentils apparaissent, de façon allusive, les viols des femmes des communautés réellement commis dans le passé par les *mistis*. Les épisodes violents de l'histoire de la société locale ont donc été repris et intégrés dans une construction narrative stéréotypée. Aussi ces récits constituent-ils une armature privilégiée pour mettre en scène des rapports sociaux conflictuels. Les relations de domination et l'oppression sociale vécues par les membres des communautés s'y dessinent en filigrane. Le statut ambigu du Gentil, tantôt positif, tantôt négatif, explique peut-être pourquoi il apparaît comme le protagoniste principal de ces récits qui évoquent des pratiques sociales et des événements douloureux.

La narration des rencontres dangereuses avec ces êtres surnaturels constitue une forme de transmission de la mémoire collective et témoigne d'une situation révolue mais traumatisante où les propriétaires terriens violaient impunément les femmes des communautés. On notera d'ailleurs que les femmes *mistis* ne sont jamais les protagonistes de ces abus sexuels de Gentils. Le déplacement symbolique des comportements brutaux des propriétaires terriens vers la figure surnaturelle du Gentil est une manière de parvenir à raconter cette violence.

Sans mise en situation sociale et historique, une partie du sens de ces récits, apparemment cantonnés dans un imaginaire détaché de la réalité sociale et des contingences de la vie matérielle, nous échapperait. L'histoire vient alimenter la forme et le contenu du récit. En retour, le récit nous renseigne sur l'histoire des narrateurs. L'attention accordée au contexte de production permet d'accéder à un niveau de sens implicite qui exprime des préoccupations centrales pour les individus qui énoncent ces récits. C'est pourquoi il est important de restituer, dans l'analyse, le parcours individuel et/ou social de ceux qui les transmettent et les transforment. Par exemple, dans la communauté de Pampallacta – située dans une autre province (Calca) du département de Cuzco, et restée largement épargnée par l'expansion des haciendas –, les différentes variantes que j'ai recueillies sur les rapports sexuels avec des Gentils renvoient à d'autres réalités sociales que celles que j'ai déjà évoquées. Les Gentils y sont dépeints sous les traits de paysans et le thème qui traverse ces narrations concerne l'adultère, non les relations entre paysans et *mistis*.

Seule la connaissance des rapports de pouvoir entre paysans et propriétaires terriens, propres au contexte local de Chumbivilcas, permet d'éclairer les récits recueillis. Elle offre la possibilité de dévoiler un des sous-entendus de leur narration : rappeler la violence sexuelle effectivement vécue par les femmes des communautés. Grâce au portrait de la figure ancestrale du Gentil en propriétaire terrien, on accède à un pan de l'histoire des rapports de domination vécus par les communautés paysannes de cette province andine du sud du Pérou.

Valérie Robin, docteur en ethnologie de l'Université de Paris-X – Nanterre, est maître de conférences en anthropologie à l'université Toulouse II – le Mirail. Elle enseigne le quechua aux Langues O de Paris. « Miroirs de l'autre vie : rites et représentations des morts dans les Andes sud-péruviennes » est le titre de la thèse qu'elle a soutenue en 2002.

La tradition en mouvement des Indiens Navajo

par

John R. Farella

En Occident, c'est en créant des taxinomies que progressent le savoir et la connaissance. La lenteur avec laquelle le monde évolue nous autorise à catégoriser ses transformations, et donc à les analyser et à les comprendre. C'est ainsi que nous rassemblons les individus par catégories et que nous classifions leurs croyances et leurs coutumes. Le concept de tradition, particulièrement dans l'expression « peuples traditionnels », donne l'impression que, jusqu'à l'arrivée des Occidentaux, les façons de penser et de vivre de ces peuples étaient constantes, fixes, et qu'il y avait relativement peu de variations ou d'individualités parmi les membres d'un groupe donné.

Évidemment, il n'en a jamais été ainsi. Pourtant, bien que nous critiquions cette représentation et admettions ses limites, nous continuons de penser et d'agir comme si cette façon de penser était la bonne. Dans un premier temps, elle a permis aux administrateurs coloniaux de fonder et de légitimer un mode de gouvernement. Plus récemment, les colonisés ont repris les catégories du colonisateur : c'est la seule base admise pour la négociation de leurs droits, particulièrement en matière de terres. C'est ainsi que ces catégories sont devenues des réalités et que tout le monde s'est mis à penser de la même manière. Multiples au commencement, les façons de penser risquent maintenant d'être remplacées par une seule. Il ne s'agit pas d'affirmer que les peuples traditionnels n'ont pas la moindre mesure de la différence qui sépare leur culture et la nôtre, mais de préciser que leurs classifications ne ressemblent pas à ces catégories que nous nommons généralement « tribus ». Et que pour nombre d'entre eux, y compris ceux que nous appelons Navajo, les concepts sont relativement flexibles et inclusifs.

Certains Navajo racontent une histoire à ce sujet. Juste avant la création, tout était immobile. Puis ce fut comme si on avait jeté un caillou dans un étang. Il se forma des vaguelettes, du centre vers l'extérieur. Au départ, il y avait une unique façon de penser et de parler, puis deux, quatre et enfin douze façons de penser et douze langues – le chiffre douze suggère probablement une grande quantité. Un jour, le temps fera demi-tour, et les vaguelettes repartiront une à une vers le centre, les nombreuses façons d'être redeviendront quatre, puis deux, puis une. Enfin, tout sera de nouveau immobile.

La notion de changement est au cœur de l'une – au moins – des versions de l'épistémologie navajo traditionnelle, dont la particularité est d'appréhender les mécanismes permettant d'incorporer de nouvelles catégories de personnes, de nouvelles techniques et de nouvelles façons de penser. L'accent est donc mis sur le sens à donner à ce qui est nouveau, ce qui implique l'acceptation de la variation et de la différence. L'être traditionnel n'est donc pas statique, il ne déteste ni ne cherche particulièrement à éviter le changement. Cela signifie aussi qu'il ne se maintient pas dans un état de pureté.

En ce qui concerne les Navajo, nous partons de l'hypothèse plutôt étrange que, pour une raison inconnue, un groupe assez homogène a quitté le Nord voici environ mille ans. Ces individus se seraient déplacés vers le Sud pendant quelques centaines d'années, tout en restant génétiquement et culturellement identiques. En arrivant dans le Sud-Ouest, ils auraient instantanément adopté les idées et les coutumes des peuples qui s'y trouvaient déjà. Pourtant, biologiquement, ils n'auraient pas changé. Non seulement cette théorie défie le bon sens, mais elle va à l'encontre des nombreuses traces culturelles et des quelques traces génétiques dont nous disposons. Elle contredit aussi l'histoire des hommes eux-mêmes.

Leur religion – ou leurs religions – semble relativement variée et complexe. Et pour l'aborder, il ne suffit pas de créer une taxinomie des types de croyances. Le protestantisme évangélique est probablement la religion qui fait le plus d'adeptes dans la réserve. S'ils se permettent alors de critiquer la tradition navajo, ils restent foncièrement attachés à leurs pratiques et à leurs valeurs – ce qu'ils reconnaissent d'ailleurs eux-mêmes. Certains, qui disent perpétuer les croyances traditionnelles sont, dans bien des endroits, en réalité catholiques, voire mormons. La Native American Church (Église des Indiens d'Amérique), pour laquelle le peyotl est un sacrement, est à la fois traditionnelle et chrétienne, dans des proportions variables selon les pratiquants.

La religion que l'on qualifie de traditionnelle n'est elle-même ni uniforme ni statique, phénomène qui a été catégorisé, sous-catégorisé et analysé de multiples manières. Ce sont les cérémonies et les psalmodies qui ont le plus attiré l'attention des étrangers. Centrées sur la guérison, elles sont très complexes. Certains aspects de ces rites paraissent vraiment magiques et exotiques aux yeux des Occidentaux. Ces pratiques, et d'autres, ont conduit à décrire les Navajo et leur religion comme obsédés par la maladie et par la guérison ; ce qui n'est qu'en partie exact.

Le cœur de cette religion se trouve dans un petit rite peu spectaculaire, appelé Blessingway en anglais. Loin des cérémonies de guérison, il met bien davantage l'accent sur le sens, la structuration et la ponctuation d'une vie ordonnée, réussie et satisfaisante. Il semble toutefois que Blessingway et les psalmodies diffèrent sur d'autres plans. Les psalmodies sont très complexes, très détaillées, alors que le rituel de Blessingway n'est pas très difficile à pratiquer. La difficulté ne réside pas dans les détails, mais dans le fait d'adopter l'attitude, la pensée et la discipline adéquates. Blessingway est un rite de célébration de la vie, alors que les psalmodies servent de remède lorsque les choses ne se passent pas comme on le souhaite. On pourrait dire que toute psalmodie possède sa part de Blessingway. C'est le fil conducteur de cette philosophie.

Si le rituel est la partie visible de la religion, l'essentiel réside dans les histoires, en tant qu'elles sont la traduction d'une bonne façon de penser. Au fond, cette philosophie s'intéresse à la manière de penser de manière adéquate. On entend souvent dire que tout commence par la pensée. La création du monde a commencé par la pensée. Quand on construit un *hogan*, ou maison traditionnelle, on en fait d'abord le projet. Le processus qui a présidé à la construction de la première maison est répété avec précision. En créant le monde, les premiers hommes n'ont fait qu'élaborer et étendre la construction du *hogan*. Le monde navajo est la demeure du peuple navajo. La maison dans laquelle on vit est un modèle réduit et un symbole du monde. Si bien que dans la vie de tous les jours, ce processus précurseur est sans cesse rappelé.

Une réflexion adéquate est le point de départ de toute chose, de la plus banale à la plus transcendante. La socialisation de l'enfant commence par la pensée, et le contenu de cette socialisation est la pensée adéquate. Il existe des variations journalières et saisonnières de la pensée, qui sont reconnues et ritualisées. À l'aube, on anticipe la journée qui vient et l'on s'instille à soi-même l'attitude adaptée à ce qui va suivre ; le soir, on réfléchit avant d'envisager le lendemain, et ainsi de suite. Et c'est ce qui s'est passé à la création du monde. Ne pas penser de façon adéquate ou ne pas envisager l'avenir génère des difficultés, parfois la maladie, parfois l'échec, toujours le chagrin. La solution est de ré-instiller la pensée adéquate. Cela peut se faire en grande cérémonie, par la médecine ou par l'éducation.

Un ancien dit :

> « Mes enfants, je veux que vous sachiez ce que je pense. Je suis très vieux, petits-enfants, enfants, et j'ai de moins en moins à vous offrir. C'est le savoir des anciens qui permet de lever les yeux et de regarder le monde après le lever du Soleil. Par le savoir, on traverse la journée depuis l'heure à laquelle paraît à l'est la première lueur, jusqu'à la montée de l'obscurité... C'est pourquoi celui qui ignore les traditions n'a rien pour éclairer son chemin. C'est comme s'il vivait les yeux bandés, comme s'il était sourd et muet. Mais celui qui connaît les traditions voit aussi loin que la Montagne Noire, et au-delà, où la terre rejoint l'océan. C'est comme si sa vue devenait aussi perçante que cela. Je voudrais tant que vous compreniez ce que vos ancêtres avaient

compris, et comment il se fait que certains de nous autres, les anciens, soyons encore en vie.

« Si seulement vous en veniez à connaître nos paroles et preniez le temps d'y réfléchir, vous sauriez qu'elles sont vraies et précieuses. Ces enseignements sont de ceux que vous voudriez un jour enseigner à vos enfants. Mais si peu d'entre vous nous écoutent encore, alors que vous êtes maintenant si nombreux. Tout dépend donc de ceux, si rares, qui veulent apprendre. Vous ne serez jamais seuls. Vous apprendrez une chose après l'autre et les anciens vous aideront. Puis plus vous apprendrez, plus vous pourrez relier les choses entre elles et comprendre. Et ainsi c'est à ceux d'entre vous qui sont vraiment intéressés qu'il revient d'écouter et de comprendre ce que nous disons. Un jour, vous serez respectés, et l'on recherchera vos conseils... Les gens vous verront comme un feu vivant et étincelant. »

Comme nous l'avons déjà dit, une part importante du savoir et de la sagesse réside dans l'acceptation de la différence, particulièrement en ce qui concerne la façon de penser. Cette notion est à ce point fondamentale et omniprésente qu'il est difficile de l'expliquer brièvement. Il y a un moment, dans l'histoire de la création, où surgit le désir sexuel ; juste après naissent l'adultère et la jalousie sexuelle, et hommes et femmes se séparent. L'hermaphrodite vit avec les hommes et rappelle sans cesse à leur chef que les deux sexes doivent se rejoindre. « Autrement, demande-t-il à de multiples reprises, d'où viendront les différentes façons de penser ? Comment naîtront de nouvelles façons de penser ? » L'hermaphrodite fait initialement référence aux pensées masculine et féminine. Mais il songe aussi aux produits de la sexualité, la création répétée, les naissances et les générations à venir. C'est ainsi que naîtront de nouveaux individus, pensant autrement ; de nouvelles familles, et des familles au sens large, viendront au monde, avec différentes combinaisons de pensées. Et ainsi de suite. On recourt à la raison pour tenter de les convaincre, mais au final les deux sexes se rejoignent à cause du désir qu'ils éprouvent l'un pour l'autre. Les humains feignent parfois d'être rationnels, mais c'est l'ordinaire qui les motive.

L'archéologue David Brugge a suggéré que Blessingway serait né – ou réapparu – sous forme de mouvements nativistes dans la Dinétah, patrie des Navajo, entre la révolte des Pueblo et la reconquête. À l'époque, les Navajo et plusieurs tribus pueblo vivaient ensemble, cherchant à se protéger des envahisseurs espagnols. Les histoires navajo situent également là l'origine de Blessingway, sans admettre toutefois que cela soit aussi récent. Les mouvements nativistes se produisent surtout durant les périodes de chaos épistémologique et social. Avec l'arrivée de personnes et d'idées nouvelles, aucune vérité ne semble plus évidente. Ces mouvements apportent une lucidité qui ordonne le chaos. Ils fournissent des mécanismes qui permettent d'intégrer des idées et des gens nouveaux et les redéfinissent comme traditionnels.

En parlant de changement social ou d'acculturation, nous avons tendance à nous baser sur les taxinomies que nous avons créées. Lorsque nous nous attachons à des listes d'attributs, nous commettons une erreur relativement importante. Constatant que ces inventaires changent assez rapidement, nous en concluons que la population change, donc est devenue acculturée. En réalité, ce n'est qu'une conséquence de notre façon de penser. Pour les Navajo, la tradition consiste à assurer les réactions et la croissance, en un mot le changement. L'immobilité ou la constance présupposée par la science occidentale n'existe que momentanément.

Les histoires qui suivent parlent de compréhension et d'assimilation de la nouveauté. Blessingway crée un niveau d'abstraction qui permet d'incorporer des idées, des techniques et des personnes nouvelles. David Brugge a étudié une variation subtile dans la fabrication des poteries qui a permis aux Navajo de redéfinir une technique étrangère pour se l'approprier. La différence ne porte que sur la fin du motif situé au bord supérieur du pot. Brugge l'interprète comme une variation de la fin de la cérémonie. Un autre exemple, très connu, est le fil de couleur différente qui sort de l'extrémité d'un tapis. Cette idée, omniprésente, se retrouve dans des sphères plus abstraites. Comme nous l'avons déjà dit, chaque partie de la religion, de la philosophie, est liée à toutes les autres par un petit élément de Blessingway.

Blessingway permet l'assimilation de nouvelles catégories de personnes via un système clanique matrilinéaire. L'histoire raconte la création des clans et décrit comment ils s'organisent au sein d'un système social unique et très varié. Elle décrit ainsi l'attitude que les hommes devraient adopter les uns envers les autres. Le processus commence avec les quatre clans originels nés de l'épiderme de la Femme Changeante. Et cela se poursuit dans les temps historiques. Les clans procèdent de croisements endogamiques, mais le plus souvent ils résultent d'apports extérieurs. Dès 1910, les pères franciscains ont remarqué que l'augmentation du nombre de clans est très majoritairement due à « l'adoption de nouveaux peuples rencontrés par la tribu au cours du voyage vers son habitat actuel ». Le clan est l'unité qui définit les gens et leurs relations avec les autres. Mais la somme des clans ne correspond pas à la nation navajo. L'histoire de certains clans trouve un prolongement dans d'autres groupes ethniques comme les Pueblo, les Athapascan du Sud ou les Naakai. Une fois de plus, notre unité d'analyse, la tribu, n'a ici aucun sens.

Ce système social qui intègre de nouvelles personnes ne fait qu'un avec l'épistémologie qui accorde une prime aux nouvelles façons de penser. En tant que parties d'idées naissantes, de nouvelles personnes sont intégrées au système clanique. On pourrait dire, à l'inverse : avec de nouvelles personnes arrivent de nouvelles façons de penser. Et cette progression n'est pas linéaire, mais géométrique.

La puissance de ces idées réside en leur capacité à englober. Les hommes qui ont précédé les Navajo actuels se déplaçaient beaucoup ; ils rencontraient donc de nouvelles personnes et de nouvelles idées, qu'ils adoptaient ou bien ignoraient. Si la tradition signifiait uniquement la persistance des lieux, de la population et de la pensée, leur monde aurait littéralement disparu. Leur façon de voir découvrait ou mettait du sens là où ils passaient, et leur offrait une base pour développer des relations avec d'autres peuples, et apprendre d'eux. C'était une attitude de découverte et de curiosité, une sorte de fièvre même. Dans ce système de pensée, l'individualité est acceptée sans être affirmée.

Nous avons tenté de remplacer cela par des notions de pureté culturelle et biologique. Les hommes et leurs coutumes doivent être purs, leurs idées et leurs sangs ne peuvent se mêler que jusqu'à un certain point, sous peine de cesser d'appartenir à la bonne catégorie. La réalité n'est jamais telle que nous l'imaginons. Il y a deux façons de l'appréhender. La première consiste à observer le monde tel qu'il est et à accorder de la valeur à une pensée appropriée ; la seconde met l'accent sur la force en excluant la réflexion. Et elle se sert de cette force pour imposer des idées inélégantes et refaçonner le monde.

(*Traduit de l'américain par Muriel Gilbert*)

John R. Farella est anthropologue. Il a notamment publié The Main Stalk – A Synthesis of Navajo Philosophy *(University of Arizona Press, 1984).*

La mythologie politique des Kanak

par

Alban Bensa

Lorsque j'ai commencé mes enquêtes en Nouvelle-Calédonie, en 1973, les livres de Claude Lévi-Strauss sur les Amériques faisaient de la question du mythe l'un des thèmes le plus en vogue de la théorie anthropologique. Envoyé en Nouvelle-Calédonie pour collecter en kanak – langue que j'ai étudiée – des énoncés formalisés (contes, poésies, récits, etc.), je ne pouvais qu'imaginer y recueillir des échantillons de cette « pensée mythique » dont il était convenu de considérer qu'elle était l'apanage des sociétés « sans écriture » et « sans histoire ». Quelle ne fut pas ma surprise alors d'enregistrer – ou de noter sous dictée – des histoires, appelées « *jèmaa* », qui ne ressemblaient guère aux mythes amérindiens sur l'origine du feu ou de la cuisine ! Mes interlocuteurs kanak racontaient comment leurs ancêtres, à partir d'un site fondateur, avaient migré sous l'effet des guerres, des alliances, puis de la colonisation européenne et du cantonnement dans les réserves.

Certes, les toutes premières phrases de quelques récits mettaient en scène des événements extraordinaires – lézard nageant dans la mer et s'accrochant à un rocher, transformation d'animaux en humains, Lune déposant sa dent sur un rocher... –, mais cette forme légendaire cédait vite la place à des noms d'ancêtres et d'habitats, jalons bien visibles d'itinéraires qu'il était donc possible de parcourir et de cartographier. Parfois même, certains Kanak s'efforçaient de dater les déplacements, en comptant les générations reliant les gens d'aujourd'hui aux derniers ancêtres dont le souvenir s'était conservé. Ainsi, Lune, Soleil, anguille, lézard, rocher, etc., apparaissaient ou non au début d'une narration prenant très vite un tour historique et mettant en avant une conception linéaire du temps. Le narrateur se rattachait aux fondateurs de son clan, voire de l'humanité kanak tout entière, par un récit d'allure parfaitement historique, qui non seulement le situait en regard des autres clans, mais, allais-je vite comprendre, évoquait directement ses intérêts sociaux et politiques du moment.

Lévi-Strauss a bien démontré que les mythes ne relèvent ni du religieux ni d'un rapport fusionnel avec la nature. Il est certain qu'il a sorti le mythe de l'ornière émotionnelle et confuse où Lucien Lévy-Bruhl notamment (*La Mythologie primitive – Le monde mythique des Australiens et des Papous*, Alcan, 1936) et, à sa suite, Maurice Leenhardt (*Do Kamo*, Gallimard, 1947) l'avaient fait tomber. Si le mythe entretient une relation avec la nature, ce n'est en rien parce que les Bororo se prennent pour des araras ou les Kanak pour des lézards, mais, à l'inverse, parce que les hommes pensent leurs différences à partir des discontinuités qu'ils observent attentivement dans la nature. Cette démarche toute intellectuelle qui oppose les gens du clan A à ceux du clan B, comme le requin à l'épervier, se tient à l'opposé de toute « participation mystique » avec le monde végétal, animal ou minéral et relève d'une véritable « science du concret ». Pour Lévi-Strauss, le mythe – un petit outil logique bricolé – s'appuie sur les éléments discontinus du monde naturel (les différentes plantes et animaux, etc.), pour établir, par analogie, de la discontinuité entre les humains, qui, à la différence des sexes près, se ressemblent tous.

Reste que si Lévi-Strauss a su mettre en exergue les fonctions classificatrices et donc logiques du mythe, il s'est aussi attaché à conserver à la pensée mythique un caractère « sauvage », inconscient, c'est-à-dire déconnecté de l'histoire et du temps. Selon ses conceptions, le lieu de production des mythes est une sorte d'ordinateur caché qui tourne à vide et ne dit rien d'autre que son propre mécanisme, sa structure. Ainsi, la pensée mythique n'est pas objectivée comme telle par ceux qui la mettent en œuvre. Afin de reconstruire cette pensée sans penseur, vouée au ressassement circulaire et donc à la finitude, il faudrait, selon Lévi-Strauss, extraire les récits de leurs conditions d'énonciation, oublier auteurs et auditoires et traiter les narrations comme des textes écrits porteurs d'une pensée en soi. Si l'on inverse la perspective en inscrivant les récits dans l'histoire de leur production, leur signification ne relève plus alors d'une analyse structurale de la pensée sauvage mais d'une anthropologie du politique.

Il est fait mention, dans un récit kanak, d'une liane qui relie le Soleil à la Lune et le long de laquelle descend la fille du Soleil pour venir épouser le maître du terroir, gardien du masque. À son écoute, mes interlocuteurs posèrent la question de savoir à qui appartenait cette liane mythique et à quelle fonction sociale elle pouvait bien correspondre. Dans la même logique d'attribution, on s'interrogea également sur le nom de la chefferie évoquée par le Soleil et sur l'identité du clan maître du sol et gardien du masque. Le tout fut immédiatement rapporté au clan du narrateur, qui se révéla n'être autre que celui auquel la liane faisait allusion. Il en fut de même d'un récit sur l'origine du monde et des hommes, immédiatement interprété comme un coup politique joué par son narrateur pour revendiquer son ancienneté dans la région. Dans cette perspective, à quoi bon invoquer la notion de « culture » et que reste-t-il de la pensée sauvage ?

Une telle compréhension des narrations réfute résolument toute autonomie éventuelle du mythe par rapport au monde social. Les récits participent d'une réflexion sociologique qui situe momentanément le narrateur dans un contexte historique et politique particulier. Quand les statuts des personnes au sein des hiérarchies claniques et territoriales sont instables, les positions les plus prestigieuses – celles de chef et de maître du sol – sans cesse à justifier, à reconquérir ou à défendre, les histoires permettent à chacun de se poser en regard des autres au moyen d'une rhétorique qui, tout en étant marquée par le respect d'autrui, permet à mots couverts d'avancer une ambition, d'asseoir une revendication, de contrer une prétention. Afin de décrire ce jeu politique par récits interposés, il est donc indispensable de recueillir toutes les versions possibles de la même histoire, telles qu'elles sont livrées par différentes personnes, tout en situant celles-ci les unes par rapport aux autres dans le contexte du moment.

Il est, par exemple, aisé de constater comment les mythes kanak ont pu être racontés pour soutenir et justifier les revendications foncières. Les itinéraires des ancêtres sont jalonnés d'anciens habitats dont la plupart se trouvent encore sur les propriétés des colons ou sur les terres domaniales de l'État. En évoquant les sites où ces personnages de référence sont apparus pour la première fois sous diverses formes (anguille, chauve-souris, fougère...), le narrateur pose la marque de son clan sur un rivage, une montagne, une plaine. Le récit participe ainsi d'un acte juridique par lequel on rappelle des droits de propriété sur tel ou tel espace. Ayant perdu, au terme de la colonisation, près de 90 % de leurs terres ancestrales, les Kanak ont entretenu la mémoire de leurs liens à la terre.

Quand ils ont livré, dans les années 1970, les histoires qui relatent avec une précision extrême la migration de leurs clans, les Kanak ont inscrit leurs narrations dans le processus de revendication foncière qui devait progressivement déboucher sur une exigence de souveraineté et d'indépendance. Aujourd'hui, alors qu'une partie des terres spoliées ont été restituées et que les indépendantistes de la province Nord se préparent à gérer la plus grande usine de nickel du monde, ces récits deviennent les vecteurs tant d'un retour à une toponymie kanak que d'une interrogation sur l'éventualité d'un cadastre coutumier. La mémoire kanak est ainsi l'objet d'un travail de patrimonialisation de la part des quelques institutions culturelles et scientifiques qui, en Nouvelle-Calédonie, prennent en charge une réflexion sur le monde kanak (Centre Tjibaou, bibliothèque Bernheim, médiathèque de la province Nord).

Jean-Marie Tjibaou a su lui aussi faire du mythe l'outil d'une expression politique. Ainsi, en 1976, a-t-il illustré son projet de société pour la Nouvelle-Calédonie à l'aide d'un récit régional relatant l'origine des hommes, la dispersion des ancêtres fondateurs des clans et l'insertion de ces derniers dans différents terroirs où ils furent accueillis. Issu du monde naturel, Kanaké, un des personnages centraux du récit, figurait en effet, dans la compréhension proposée par Tjibaou, l'enracinement souverain des Kanak sur leurs terres, tandis que les alliances contractées avec d'autres groupes venus de loin symbolisaient le geste des plus anciens occupants de la Nouvelle-Calédonie envers ceux, « victimes de l'histoire » dit-il dans *La Présence kanak* (Odile Jacob, 1996), que la colonisation a fait venir dans l'archipel. Le mythe est ici porté au rang d'allégorie politique par celui dont l'action et la pensée devaient catalyser tous les espoirs kanak de décolonisation. À moins de construire la fiction d'un grand partage entre ceux qui, loin de la modernité, auraient conservé une pensée sauvage et ceux à qui l'acculturation aurait fait perdre cette spontanéité originelle supposée, il faut donc abandonner l'idée qu'il puisse exister des récits « décontextualisables » qu'on appellerait alors « mythes » et qui seraient l'apanage des seuls « primitifs ». Comment comprendre en effet que ceux que Maurice Leenhardt n'hésitait pas à considérer comme les représentants d'une humanité fossile travaillent aujourd'hui activement à l'élaboration de cette « nouvelle citoyenneté » que, depuis 1998, l'accord de Nouméa appelle de ses vœux pour préparer l'avenir de la Nouvelle-Calédonie ?

Ainsi le mythe n'est-il en rien l'indice d'une mentalité non moderne, le signe d'une altérité radicale entre une pensée sauvage systématiquement analogique et source de tous les primitivismes et une pensée en prise avec le monde, ses rapports de force et ses contradictions. En tant que parole en actes, qu'outil de communication politique, le récit mythique prend tout son sens en regard du contexte d'interlocution où il intervient. Sa signification première ne relève donc pas d'un ordre symbolique inconscient, d'une logique formelle qui tournerait à vide, mais d'une logique de l'action jouant de codes rhétoriques établis pour obtenir des effets tangibles dans le champ politique, social, foncier, etc.

Les récits kanak relatant l'histoire des guerres et de la formation des chefferies sont à cet égard particulièrement significatifs. On recueille en effet tantôt les versions des vaincus, tantôt celles des vainqueurs, ceux qui, au début de la colonisation par exemple, ont reçu le soutien des Blancs pour éliminer leurs ennemis et recevoir le titre de « grand chef ». Plus le récit cherche à cacher les origines des positions actuelles de pouvoir, plus il se fait métaphorique, allusif, « mythique ». À l'inverse, plus il est contestataire, plus il se fait explicite, historique, précis, et plus alors il relaye ou parfois même confirme les archives. La pensée mythique (ou sauvage) ne s'oppose en aucune façon à la pensée historique ; seuls varient les usages rhétoriques de la mémoire dans des contextes politiques bien délimités. Les narrations sont des constructions mentales qui relient intentionnellement le passé à l'avenir. On y joue habilement de la mémoire et de l'oubli pour tracer les contours d'un projet, d'une ambition, d'une avancée tactique. Certains noms propres ou épisodes seront à dessein laissés de côté, d'autres mobilisés ou transformés pour l'occasion.

Lévi-Strauss, en soutenant que l'on reconnaît tout de suite un mythe à sa force fabulatrice, ouvre la voie au découpage du récit en unités discrètes liées entre elles par des rapports formels qui échapperaient aux usagers des mythes mais pas aux chercheurs experts en analyse structurale. Ainsi, telle figure d'un mythe navajo ou kanak devient l'élément de la structure inconsciente de la pensée amérindienne ou océanienne. Pourtant, le mythe est en premier lieu une parole (et non une langue) portée par des personnes dont on doit supposer qu'elles ont quelque idée de ce qu'elles font quand elles livrent tel ou tel récit. Dans leurs énoncés, qu'ils soient triviaux ou sophistiqués, les locuteurs usent en effet de tropes parfois complexes, mais le plus souvent parfaitement maîtrisés ; ils cherchent par là à produire sur leurs auditeurs les meilleurs effets : persuader, convaincre, distraire, bluffer, suggérer, etc. Le recours à des formes rhétoriques s'explique moins par des modes de pensée que par le jeu de l'interlocution et les positions que chacun y occupe. Les ethnologues sont trop enclins à traiter ces figures du discours comme des symboles. Comme l'a montré Geoffrey Lloyd à propos des mythes grecs (*Pour en finir avec les mentalités*, La Découverte, 1993), la confusion entre sens figuré et sens propre, souvent proportionnelle à la distance entre l'ethnologue et la langue vernaculaire, engage à prendre pour des piliers de la pensée sauvage les métaphores, synecdoques et autres tournures de l'argumentation.

Lévi-Strauss a eu le mérite de montrer que, du chamane amérindien à Einstein, toute pensée, sauvage ou pas, est rationnelle et opère selon des principes logiques invariants, d'identité, d'opposition, de symétrie et d'inversion. En agençant les éléments immédiatement visibles et saisissables – « précontraints » – du monde, la pensée sauvage ne s'opposerait donc pas à la pensée scientifique, mais s'en distinguerait seulement par ses contenus. Le paradoxe de cet argument tient à ce qu'il soutient entre le mythe et, disons, le *Discours de la méthode* à la fois une ressemblance quant aux règles formelles et une différence radicale quant à l'inscription de l'Indien et du philosophe dans le monde. La pensée sauvage ne serait porteuse d'aucune intention pratique, circonstanciée ou engagée, mais, fonctionnant pour elle-même, ne ferait que ressasser éternellement sa propre structure. À l'inverse, la pensée scientifique, réflexive et cumulative, aurait seule la possibilité de s'inscrire dans l'histoire et dans l'action. D'un côté, dans son hamac, le doux rêveur bercé par une pensée sauvage qui s'imposerait à lui sans qu'il y puisse rien ; de l'autre, devant son poêle hollandais, le penseur exilé acharné à méditer son cogito et à fonder une nouvelle maîtrise intellectuelle du monde.

Cette imagerie s'effondre à condition que l'on admette, à la suite de Marcel Détienne, que les mythes ne sont pas des mythes (*L'Invention de la mythologie*, Gallimard, 1981), mais des actes de langage par lesquels ceux qui les disent interviennent dans la société et l'histoire. Si la rationalité que partagent l'Indien et le philosophe n'est pas seulement celle de l'esprit humain en général mais aussi celle de la présence de tout énoncé au monde social, politique et intellectuel de son époque, alors la pensée sauvage reste introuvable.

Anthropologue, Alban Bensa est directeur d'études à l'École des Hautes Études en Sciences sociales. Il a notamment publié Chroniques kanak – L'ethnologie en marche *(Peuples autochtones et développement et Survival International, 1995) ;* Nouvelle-Calédonie – Vers l'émancipation *(« Découvertes »/ Gallimard, 1998).*

La pensée en réseau des Aborigènes

par

Barbara GLOWCZEWSKI

Lorsque je vécus pour la première fois avec des Aborigènes du désert en 1979, je fus frappée par l'étrange actualité de leur mode de pensée traditionnel par rapport au développement de l'intelligence artificielle. Cette collusion d'idées me fit alors titrer un de mes articles « les Tribus du rêve cybernétique » (*L'Australie*, Autrement, 1983). La perception qu'ont les Aborigènes de la mémoire comme espace-temps virtuel et leur manière de projeter les savoirs sur un réseau géographique à la fois physique et imaginaire allaient de fait entrer en écho avec les programmes en réseaux connectés par des hyperliens des premiers ordinateurs, encore balbutiants à l'époque. L'application de la pensée réticulaire a depuis connu une expansion universelle par le développement de l'Internet, et ce n'est sans doute pas une coïncidence si le marché de l'art contemporain s'est emparé de l'explosion des formes artistiques aborigènes qui transposent justement des parcours en réseaux. Ce phénomène illustre une rencontre universelle de formes et d'idées, même si le rapprochement n'est pas exprimé par ceux que séduisent ces œuvres. Notre environnement nous permet en fait de regarder et d'entendre les différences culturelles autrement qu'il y a un siècle. C'est une des raisons de l'attrait actuel pour les musiques du monde, et particulièrement pour le *didjeridu*, instrument ancestral inventé par les Aborigènes, joué depuis quelques années par des fans du monde entier.

Chez les Aborigènes, la construction des savoirs fonctionne en réseau et par des mises en connexion fondées sur l'oralité et sur l'image. La rencontre entre le mode d'organisation non linéaire des nouvelles technologies et la manière dont la pensée traditionnelle se déploie peut favoriser la transmission de ces savoirs aujourd'hui menacés : les Aborigènes ont développé de très nombreux sites Internet, dont ils se servent pour diffuser des informations sur leurs luttes politiques et juridiques et pour promouvoir leur culture. Grâce aux hyperliens, le support numérique a permis de restituer pour un usage éducatif dans la communauté les liens entre les différents médias aborigènes : peintures corporelles, sur le sol, récits oraux, chants, danses, sites sacrés, itinéraires géographiques, rêves.

Durant deux décennies d'audiovisuel et de circulation quasi instantanée d'informations diverses, nous avons changé de paradigme en ce qui concerne notamment le fonctionnement de la mémoire, ou la relation entre la matière et l'esprit, l'actuel et le virtuel. Ce changement nous oblige à considérer autrement ce que les populations dites sauvages expriment de leur rapport au monde. Par exemple – et c'était le thème du colloque organisé au Collège de France par le neurophysiologiste Alain Berthoz et l'anthropologue Philippe Descola en mai 2003 –, on oppose aujourd'hui, tant en biologie qu'en neuropsychologie, deux types de stratégie à propos du déplacement dans l'espace. La stratégie est dite allocentrée quand, pour se déplacer, on se réfère à des axes dans l'espace, comme les points cardinaux, ou à des segments, tels les noms de rue, qui permettent de construire une carte extérieure à soi ; la stratégie est dite égocentrée quand on utilise son corps comme système de référence en mémorisant une suite de repères, par exemple des bâtiments qu'on relie dans l'action du parcours. Les Aborigènes et beaucoup de sociétés traditionnelles qui pratiquent la chasse nous montrent que cette opposition n'en est pas vraiment une dans la mesure où, selon les contextes – jour ou nuit, environnement proche ou lointain, connu ou inconnu, désertique ou forestier, plat ou accidenté... –, on conjugue des stratégies de repérage différentes, qu'on peut condenser en quelque sorte en une carte topologique qui fait lien entre la vision du dedans (égocentrée) et la vision du dehors (allocentrée).

Essentielle, l'étude des perceptions des sociétés traditionnelles ne doit pas recourir à des tests passés à l'intérieur de cadres de référence supposés universels (comme droite/gauche ou haut/bas), mais tenter de tirer de leurs pratiques et de leurs langues ce qui, bien qu'exprimé de manière culturellement singulière, indique des fonctionnements universels. Les différences biologiques et procédurales de navigation de différentes espèces animales – rongeurs, poissons, primates, reptiles, oiseaux... – mises en évidence par les biologistes ou neuropsychologues font écho au fait que, selon les sociétés, l'homme choisit pour modèle d'orientation certains animaux plutôt que d'autres parce qu'il doit se projeter dans tel ou tel animal afin de connaître son comportement pour mieux le chasser ou le domestiquer.

La confrontation entre la diversité culturelle des modèles éthologiques et cognitifs et la recherche d'universaux permet de dégager de nouveaux outils de comparaison, tant pour l'analyse que pour la synthèse. Ainsi, c'est parce qu'on s'est habitué à circuler sur l'Internet qu'on comprend mieux la construction, pourtant très ancienne, de la pensée en réseau chez les Aborigènes. De même, je suis convaincue que l'aspect topologique des cartes mentales aborigènes projetées dans la géographie sous forme d'itinéraires reliant des lieux pensés comme les traces d'ancêtres mythiques (sites visibles aussi dans l'art) se retrouve à des degrés divers dans la plupart des sociétés, y compris la nôtre aujourd'hui.

L'interprétation dynamique de traces visuelles et la projection de savoirs spéculatifs dans l'espace sont une clef de la pensée aborigène. Ce système cognitif spatialisé repose sur une vision de l'univers qu'on pourrait qualifier de « connexionniste », car tout y est virtuellement connectable et interdépendant : toute connexion entre deux éléments a des effets sur d'autres éléments du réseau. Que ce soient les hommes et les femmes, le règne animal, végétal ou minéral, la terre, le souterrain ou le ciel, l'infiniment petit et l'infiniment grand, la vie actualisée et les rêves, tout interagit. Ces connexions sont mises en œuvre par les rites, par les rêves, et par le lien spirituel et physique qui unit chaque humain à certains éléments de son environnement – lien que l'on a coutume d'appeler, en anthropologie, « totémique ».

Cette vision aborigène est parfaitement illustrée par un film australien récent, *Les Chemins de la liberté*, qui rapporte un fait divers des années 1930. À cette époque, et jusqu'au référendum de 1967 reconnaissant le droit de citoyenneté aux *native* (autochtones, indigènes), les Aborigènes étaient soumis à un régime d'apartheid. Trois jeunes filles s'enfuient d'une réserve en longeant une clôture qu'elles savent traverser toute l'Australie jusqu'à leur terre natale, Jigalong, située à 1 600 kilomètres dans le désert de l'Ouest. Au bout de deux mois de marche très difficiles, l'une d'elles est rattrapée par la police ; les deux autres atteignent une section du désert tellement aride que la clôture y est interrompue. Afin de les aider à trouver leur chemin, leur mère exécute pendant ce temps une cérémonie sacrée avec d'autres femmes. Au réveil, l'aînée se souvient de la voix de sa mère lui désignant dans le ciel un aigle qui incarne son esprit auxiliaire. Du point de vue aborigène, elle est sauvée grâce aux activités rituelles féminines – chants, peintures corporelles et danses –, en suivant dans la réalité l'aigle qui se manifeste pour la guider.

Quand l'art du traqueur ne suffit pas à se retrouver en brousse, on peut recourir au rêve pour se projeter dans un voyage de lecture mythique de l'environnement. De même, un chant, une peinture et une danse qui relient mentalement les lieux nommés, peints ou dansés, permettent aussi bien de mémoriser des connexions entre les gens et leur environnement que d'en produire de nouvelles. Grâce à cette conjonction d'actions ritualisées, la personne perdue va recevoir les éléments qui lui serviront à retrouver sa route.

Par la lecture d'une empreinte, le bon traqueur qui piste un animal ou un humain identifie à la fois l'agent – voire son sexe et son âge –, la direction qu'il a prise et le moment où il est passé. Les images oniriques aussi sont sujettes à interprétation de manière dynamique, par le sens que le rêveur et son entourage leur attribuent et par les performances qui en découlent : un récit oral, un chant rêvé, une peinture à transposer ou encore une danse à intégrer dans un rituel, à condition bien sûr que le groupe concerné accepte l'authenticité des révélations proposées.

Tout ce que l'on voit et entend en rêve n'est qu'une remémoration d'éléments existant depuis toujours – les prototypes de traces – qui s'agencent, se connectent de manière nouvelle. Quasi infinies, les combinaisons sont toujours localisées dans des êtres éternels aux formes hybrides qui ont laissé des traces dans des lieux sacrés où ils continuent de rêver. C'est la raison pour laquelle tous les acteurs mythiques et tous les lieux sacrés sont appelés *jukurrpa* dans le désert, *bugarrigarra* dans le Nord-Ouest (soit *dreaming*, rêve).

Pour un grand nombre de groupes australiens, la notion de *dreaming* – mot qui englobe la mythologie et ses parcours – ne se réfère pas à un temps passé, mais plutôt à un espace-temps éternel auquel on accède par ces portails virtuels que sont les sites sacrés, les rites et surtout la pratique onirique. Célébrés dans les rites sous forme de chants, de danses, de peintures sur le corps, sur des objets sacrés ou sur le sol, les itinéraires mythiques sont des cartes cognitives au sens où ces récits en performance consignent des informations essentielles pour la survie de la société. Jusqu'à des milliers de toponymes dispersés sur un territoire très vaste sont ainsi répertoriés : 600 sur 300 kilomètres dans le cas des Warlpiri, une population qui, comme la plupart des groupes linguistiques aborigènes, n'aurait jamais dépassé 4 000 personnes.

Pour les Aborigènes du désert, un seul mot, *ngurra*, désigne à la fois le lieu comme camp et la journée comme voyage. Une journée est un camp en ce qu'elle indique le temps nécessaire pour aller d'un endroit à un autre. Cette mesure spatio-temporelle est relative, car elle ne s'évalue pas en longueur mais en vitesse : en musique, on parlerait de mouvement ou de tempo. L'espace en mouvement inclut tous les arrêts éventuels, voire les détours – notamment pour se nourrir – que le parcours permet selon l'environnement et la saison. À ce titre, le chemin en ligne droite entre deux lieux n'est pas forcément le plus pertinent : la tradition d'un itinéraire mythique indiquera ainsi que, pour aller de A vers B, il est bon de faire un petit détour par C, car là on trouve de l'eau ou d'autres ressources.

La relativité de l'espace, selon le temps que l'on met à le parcourir, a son pendant dans la relativité du temps, qui en quelque sorte s'aplatit dans l'espace comme support de traces. La surface du sol est marquée par les passages des animaux et des hommes, comme si des séquences de temps se superposaient. Quant aux peintures corporelles à l'ocre – ou aujourd'hui sur toile à l'acrylique –, elles présentent par exemple le même être ancestral assis en quatre endroits différents, correspondant chacun à une halte effectuée en un lieu précis : quatre cercles reliés par des lignes forment le carré topologique de son déplacement, alors qu'à côté des cercles quatre demi-cercles sont la trace de l'être ancestral assis près de chaque site.

Cette mise à plat du temps se déchiffre comme une piste d'animal. Elle permet de redéployer le plan à deux dimensions des traces vers l'émergence en trois dimensions de l'être qui les a laissées, et qu'on peut alors nommer puis mettre en mouvement en quatre dimensions, c'est-à-dire dans un récit qui, par définition, déroule du temps. À sa manière, un bon pisteur est un maître du temps, lui qui sait déduire l'ancienneté d'un passage : une demi-journée ou un mois. Le temps du récit est aussi celui du chant qui avance en changeant de tempo, afin que les marcheurs mémorisent la vitesse recommandée – selon les lieux et les saisons – dans leurs déplacements de site en site. Le sommeil fait passer dans une cinquième dimension, celle du rêve, qui permet d'expérimenter la synchronicité du mythe sous forme de condensations et d'associations dans une matrice onirique où les images et les sons se connectent sans être entravés par la linéarité du temps ou par les distances et les barrières de l'espace.

Reconnaître les multiples registres aborigènes d'interprétation de l'espace et du temps est très important, à l'heure où certains travaux d'anthropologie cognitive prétendent que les sociétés de chasseurs-cueilleurs tels les Aborigènes, du fait de la platitude de leur environnement, n'ont pas de concept distinguant le dessus et le dessous, le dedans et le dehors. Nous pouvons avancer au contraire qu'ils spéculent sur le déploiement des dimensions spatio-temporelles d'une manière qui rejoint les interrogations actuelles de l'astrophysique ou de l'intelligence artificielle sur le statut du « programmeur ». Les Warlpiri disent par exemple que nous sommes « rêvés » par les êtres du rêve, dont les hommes sont une des manifestations.

Cette autoréférence n'empêche pas la singularité de chacun ; mais la capacité de choisir son propre chemin se greffe sur une matrice de sites fixes dont certaines connexions sont données sous forme d'itinéraires, et d'autres restent à établir et peuvent se conjuguer entre elles à l'infini. À l'image des synapses et des neurones à l'œuvre dans le cerveau, les relations que les Aborigènes installent entre les lieux, entre les choses et entre différents niveaux d'interprétation, si elles suivent des chemins balisant des couches superposées d'une mémoire ancienne, font émerger des informations nouvelles.

Les principes cognitifs des Aborigènes se révèlent d'une grande actualité, car ils combinent des aspects universels de la pensée que l'Occident avait mis de côté durant les siècles dominés par l'écriture, et que l'ère de l'audiovisuel fait émerger. À l'époque d'une mondialisation culturelle de plus en plus marquée par l'image et par le son, certains modes de la pensée aborigène sont en phase avec nos interrogations épistémologiques sur le fonctionnement de la mémoire, les ordinateurs et l'Internet. Excepté leur vitesse de traitement des informations, les nouveaux dispositifs de communication ne reflètent rien de plus que la formidable capacité humaine à connecter entre eux données et savoirs à partir d'une mémoire inscrite dans le corps.

Barbara Glowczewski, ethnologue, est directrice de recherche au CNRS (Laboratoire d'anthropologie sociale). Elle a notamment publié Du rêve à la loi chez les Aborigènes *(PUF, 1991) ;* Les Rêveurs du désert – Peuple Warlpiri d'Australie *(« Babel »/ Actes Sud, 1996) et* Propulseurs de rêves *(« Terre humaine »/ Plon, 2004).*

Alien, ou le retour d'un mythe polynésien

par

Marika MOISSEEFF

Je vais emprunter un outil anthropologique classique, la méthode comparative, pour étudier des matériaux appartenant en propre à notre modernité : la science-fiction et les biotechnologies, un des sujets de prédilection de la mythologie contemporaine. À cette fin, je mettrai en rapport un mythe polynésien, l'île aux femmes, et la saga *Alien*. Tous deux décrivent un parcours initiatique autorisant les femmes à accéder à leur fonction procréatrice sans que celle-ci les condamne à mort. Nous verrons que leur comparaison met en évidence une série d'inversions structurales auxquelles on peut faire correspondre la distinction des modalités d'appréhension et de traitement de la maternité et, par là, de gestion des relations hommes-femmes, en milieu traditionnel et occidental moderne. Commençons par explorer les richesses de l'île aux femmes.

Les courants entraînent Kae, abandonné en mer, jusqu'à une île peuplée uniquement de femmes, dont les maris sont des racines de pandanus. La cheffesse de l'île découvre Kae sur une plage et le conduit en sa maison. Elle lui explique que, quand les femmes sont enceintes, un magicien habité par un démon leur incise le ventre : la mère meurt, l'enfant vit, mais les nouveau-nés sont toujours des filles. Kae lui répond : « Assez d'incisions ! Lorsque viendra le moment de l'accouchement, lorsque les femmes ressentiront les douleurs, conduisez-les auprès de moi, je ferai le travail. » Désormais, on transporte chaque femme en couches chez lui. L'enfant vient au monde, la mère survit et le magicien est chassé. Alors que la cheffesse est enceinte de Kae, elle lui découvre un cheveu blanc sur la tête. Kae lui demande de nommer leur enfant à naître « le Cheveu blanc poussé à Kae », et il rentre dans son pays. Après quoi la cheffesse met au monde un fils qui, devenu grand, rejoindra son père.

Ce mythe est l'allégorie d'une initiation masculine : Kae quitte sa terre natale et subit l'épreuve périlleuse de la pleine mer ; il vit une période de marge dans un espace peu ordinaire – essentiellement féminin – où il lui faut sauver des femmes aux prises avec un démon ; il accède alors à la paternité et peut regagner sa contrée. En passant du statut d'homme sans enfant à celui de père, Kae doit accepter de passer d'une génération à l'autre, c'est-à-dire se résigner au vieillissement, symbolisé par l'apparition de son premier cheveu blanc : l'enfant fait franchir à son père un cran sur l'échelle généalogique, fonction que souligne son nom.

Mais Kae, avant de devenir père, est tenu d'initier les femmes aux modalités de l'accouchement naturel. À son arrivée, mère et fille constituent ensemble, depuis toujours, une même entité dédoublée que le magicien scinde en deux, la première devenant la dépouille de la seconde. La coexistence de générations successives est impossible. L'introduction du masculin fait accéder l'humanité à une temporalité généalogique qui sous-tend l'ordre culturel. Ce récit décrit le passage d'un univers homosexué, féminin et atemporel, à un univers hétérosexué où la vieillesse s'intercale entre la jeunesse et la mort. La succession des générations est, au dire du mythe, subordonnée à la rencontre de deux sexes complémentaires qui participent conjointement au processus reproducteur.

À la crainte que les femmes ne se reproduisent entre elles en se dispensant des hommes, le récit oppose une autre vérité : pour survivre à l'enfantement, les femmes doivent faire appel aux hommes, par l'intermédiaire desquels elles sont introduites à la culture : Kae culturalise la nature, représentée par les racines de pandanus et le démon, en substituant au couteau du magicien des modalités obstétricales plus appropriées. Ainsi, par une manipulation symbolique coutumière en milieu traditionnel, on passe de la dépendance du masculin vis-à-vis du féminin à la dépendance du féminin vis-à-vis du masculin : sans hommes, les femmes demeureraient arrimées à une nature dangereuse car les pouvoirs féminins sont potentiellement létaux s'ils ne sont pas domestiqués.

La transformation conjointe des modalités procréatrices et des relations hommes-femmes – à travers le contrôle, voire l'appropriation, des pouvoirs féminins par les hommes – est un thème mythique universel : pour que l'engendrement du masculin par le féminin soit tolérable, il faut le subordonner à la culture, dont les hommes sont érigés en garants. Le mythe polynésien inverse la supériorité naturelle des femmes en matière de reproduction pour asseoir celle des hommes en valorisant l'hétérosexualité. La mystique judéo-chrétienne s'est employée, en revanche, à déconsidérer la supériorité maternelle en valorisant une procréation indépendante de tout rapport sexuel : l'incarnation d'Adam, d'Ève, du Christ et de sa mère résulte d'une conception non sexuée posée comme immaculée. En nous immergeant dans l'espace intersidéral d'une utopie américaine, nous serons amenés à constater que les biotechnologies ont creusé le même sillon.

Dans le premier épisode d'*Alien*, les passagers du vaisseau spatial appartenant à une compagnie commerciale reçoivent pour mission d'aller explorer une planète. Un astronaute y découvre des formes ovoïdes. De l'une d'elles éclot une sorte de scorpion géant qui lui saute au visage. Quelque temps plus tard, une créature effrayante jaillit de sa poitrine et s'enfuit tandis qu'il expire. L'officier scientifique du bord reçoit l'ordre de ramener sur Terre ce spécimen à n'importe quel prix, fût-ce celui du sacrifice des membres de l'équipage. De fait, tous vont périr, à l'exception d'une femme, le lieutenant Ripley, et de son chaton.

Deuxième épisode, cinquante-sept ans plus tard : Ripley, restée en hyper-sommeil dans sa capsule de sauvetage, retourne sur la planète maudite, où la compagnie a installé des colons. Elle est escortée de GI au style adolescent et à la gâchette facile qui évoquent avec délectation leurs prouesses sexuelles. Elle prend le commandement de la troupe après que leur chef, un macho stupide, s'est fait éliminer par une reine alien qui a installé sa ruche sur la planète, transformant les colons en cocons où se développent ses larves. Suite à des démêlés sanguinolents, Ripley, seule rescapée avec une petite fille qui l'appelle « maman » une fois que les soldats qui gardent la ruche ont anéanti les GI, a raison de la reine.

Au cours du troisième épisode, le vaisseau de Ripley échoue dans une raffinerie-pénitencier intergalactique dont la population est uniquement masculine : le directeur, ridiculement autoritaire, et son adjoint, doté d'un très faible QI ; un médecin qui, autrefois, a causé la mort de ses patients ; des prisonniers assassins ou violeurs de femmes et de fillettes. Ripley découvre qu'une créature l'a suivie à bord et fécondée, et qu'elle porte en elle un alien de la pire espèce : une reine pondeuse. Elle précipite le monstre vers la fonderie, où son sort est scellé dans le métal en fusion, puis s'y jette à son tour, dans l'attitude du Christ en croix ; son « bébé » parasite jaillit alors de sa poitrine, elle l'enserre dans ses bras telle une Vierge à l'Enfant, l'entraînant dans sa mort afin de sauver l'humanité.

Quatrième épisode : deux cents ans plus tard, dans un vaisseau spatial où l'armée se livre à des recherches génétiques, Ripley est clonée à partir du sang prélevé dans le chaudron infernal. La première scène nous montre le processus alchimique en cours : de la soupe primordiale d'ADN émerge une Ripley mutante portant son fœtus en son sein. Le personnel médical l'extrait par césarienne thoracique et se penche sur la nouvelle reine pondeuse avec émotion dans des postures qui évoquent celles des rois mages. Le clonage a abouti au mélange des gènes de Ripley et de la créature, leur conférant les aptitudes respectives de l'une et de l'autre. La force, l'agilité et la rapidité de Ripley sont à la mesure de ce qu'elle a perdu en émotivité : elle est bien moins concernée que dans sa vie antérieure par le péril que sa descendance fait peser sur l'humanité. Grâce à son hybridation avec Ripley, la reine alien a, pour sa part, hérité d'une matrice. Ripley sera conduite à assister au spectacle affligeant de l'accouchement par sa « fille » de leur « fils » commun : la reine, dont le ventre a pris des proportions démesurées, gît sur son lit de douleur, composé de matières gluantes quasi excrémentielles. Le fils, hybride redoutable mi-humain, mi-insecte, après avoir tué celle qui a tant souffert pour lui donner le jour, est anéanti par Ripley. Entre-temps, un élevage d'aliens s'est développé : les œufs pondus par la reine sont alimentés par des proies humaines, que les militaires se sont procurées en achetant les services de mercenaires.

Médecins et militaires agissent de concert et dans le plus grand secret. Ils portent l'uniforme – blouse ou costume militaire – et se conforment à des règles strictes : ni alcool ni sexe. Abstinence qui les oppose aux mercenaires, baroudeurs adolescents à la vêture farfelue qui jurent, se battent, abusent de la boisson, tiennent des propos obscènes, jouent aux cartes et écoutent de la musique rock. Parmi eux, un androïde à la féminité exacerbée, Call, robot de deuxième génération – c'est-à-dire engendré par un robot. Call a été programmée pour sauver l'humanité, menacée par ces recherches biotechnologiques, et permettre ainsi à la nouvelle Ripley de recouvrer l'âme qu'elle a perdue en s'animalisant via la maternité. Ripley tente de séduire Call et toutes deux programment l'explosion du navire démoniaque. Les hommes, quant à eux, sont répartis en deux clans antagonistes : les « prosexe » – les mercenaires – et les « promaternité » – les médecins et les militaires – , qui s'entretuent ou sont exterminés par les rejetons d'Alien. Les seuls hommes réchappés de ce massacre sont un handicapé physique et un simple d'esprit. Ils participent à l'amerrissage explosif sur Terre du vaisseau mercenaire dans lequel ils ont pris la fuite en compagnie de Call et de Ripley. Dans la dernière scène, les deux femmes sont enlacées tandis que les deux hommes s'embrassent sur la bouche.

L'obstétrique occupe une place centrale dans le mythe de Kae et dans *Alien*, qui tous deux s'achèvent par la naissance d'un enfant mâle. Mais la valeur attribuée à l'enfantement naturel est positive dans un cas, négative dans l'autre. Sur l'île aux pandanus, on passe d'une césarienne abdominale à laquelle les mères ne survivent pas à l'accouchement naturel par lequel elles sont introduites à la culture. Dans l'espace intersidéral, on assiste à une césarienne thoracique permettant à l'héroïne de survivre à l'enfantement, à laquelle on oppose l'accouchement par voie utérine, dont on souligne l'aspect monstrueux et létal. Dans le mythe de Kae, le passage d'une atemporalité homosexuelle à un temps proprement généalogique où les générations coexistent et où le vieillissement est accepté est sous-tendu par l'apparition de l'hétérosexualité. Dans l'espace intersidéral, le temps est suspendu : il n'y a pas coexistence des générations puisque les géniteurs sont tués par leur progéniture – ou la tuent –, tandis que l'hyper-sommeil et le clonage confèrent à l'héroïne une jeunesse éternelle et l'autorisent à être simultanément grand-mère, mère et père du fils d'Alien.

Parallèlement, le remplacement de la mixité – dans *Alien*, hommes et femmes exercent ensemble des activités similaires – par des couples homosexués permet d'opposer à l'horreur de la maternité la beauté d'un érotisme voué à la stérilité : le dernier épisode s'ouvre sur la fusion de Ripley avec Alien et se referme sur l'image de son union avec une femme-robot. Alien incarne la fonction reproductrice de Ripley : elles constituent ensemble une même entité féminine dédoublée. Une femme stérile avec laquelle l'héroïne entretient une relation érotisée se substitue à la créature qui est immolée. La morale de ce cycle mythique est que la femme peut devenir l'égale de l'homme, voire sa supérieure (témoin l'infériorité physique, morale et intellectuelle des personnages masculins tout au long de la saga), à condition de sacrifier sa fonction maternelle au profit de sa fonction érotique.

Cette épopée interstellaire est l'allégorie d'une initiation féminine où l'héroïne prend la place du héros masculin traditionnel. Elle quitte son milieu habituel, la Terre, pour rejoindre l'espace intergalactique, où elle est progressivement conduite à assumer sa fonction maternelle, en étant tour à tour mère nourricière d'un chaton, mère adoptive d'une fillette, génitrice d'une femelle puis d'un mâle non humains. L'épreuve la plus périlleuse pour elle consiste à intégrer à son corps l'animalité qui la consacre femme pour la faire taire à tout jamais : elle en meurt, mais renaît totalement métamorphosée ; elle peut alors réintégrer la société humaine avec un statut de femme moderne, habilitée à vivre une sexualité libérée de toute contrainte reproductrice.

Dans le mythe de Kae, le démon a les traits d'un magicien qui tue les femmes qu'il accouche. Dans *Alien*, le démon est la grossesse. La science-fiction donne une visibilité à ce qui tend à être occulté dans nos sociétés « égalitaires » : la grossesse, dont les femmes sont les agents, est ce qui les singularise en regard des hommes. Et s'il est un invariant qui sous-tend le travail symbolique sur la différence des sexes, c'est celui qui consiste à associer cette exclusivité féminine aux forces démoniaques. L'utérus est une boîte de Pandore d'où peuvent s'échapper mille démons.

Dans la mythologie hollywoodienne, Ripley personnifie la rédemption. En créant la mère de tous, Ève, Dieu a fait basculer l'humanité de l'Éden vers l'Enfer en la condamnant au mal absolu : la maternité. Pour accéder à la spiritualité orgastique du *Meilleur des mondes*, les humains doivent la sacrifier. Ils font donc appel aux grands prêtres de la médecine, des gynécologues-obstétriciens auxquels ils ont conféré un pouvoir de vie et de mort sur la procréation. Certains sont bons : ils exorcisent la possession maléfique. D'autres sont mauvais : ils tentent par des pratiques occultes de s'approprier la force génésique féminine pour dominer le monde ; ce faisant, ils ouvrent la boîte de Pandore et sont détruits par leurs démons. Les cavaliers de l'Apocalypse sont les scientifiques flanqués des militaires et des marchands du Temple – ici, la compagnie commerciale. Des anges déchus se rachèteront en déjouant leur objectif : criminels qui, en s'attaquant aux femmes, se sont trompés de cible, adolescents attardés adorateurs du sexe, robot engendré par une machine. À leur tête, la femme rebelle : devenue mère à son corps défendant, elle immolera sa fille et son fils prodiges.

Ce récit d'anticipation reflète admirablement l'évolution des représentations et des pratiques touchant à la maternité dans les sociétés occidentales, où le sexe – les activités érotiques – et la reproduction tendent à être appréhendés et traités de manière indépendante : la procréation appartient au domaine du « médicalement assisté », à une technologie de plus en plus sophistiquée. Mais le recours aux nouveaux modes de reproduction (FIV, bébés-éprouvette, clones), en séparant le champ obstétrical de la relation entre les sexes, sacralise la fonction reproductrice de la femme. La grossesse peut alors se manifester dans l'imaginaire culturel sous la forme d'une entité autonome. Elle prend l'aspect d'une bête dont le masque monstrueux recouvre les pouvoirs féminins occultes et mortifères. On est ainsi amené à assister au combat entre la femme et sa fonction procréatrice. Thématique que l'on retrouve au fil des rites et des mythes traditionnels, l'appropriation des pouvoirs féminins sert alors à justifier la supériorité masculine. Dans *Alien*, ceux qui tentent d'accaparer les pouvoirs reproducteurs sont des méchants ; car l'idéologie occidentale est sous-tendue par la crainte qu'une reproduction non contrôlée, celle du tiers-monde, n'aboutisse au remplacement d'une civilisation dite « évoluée » par une autre, estimée plus proche de l'animalité.

Marika Moisseeff, ethnologue et psychiatre, est chargée de recherche au CNRS et membre du Laboratoire d'anthropologie sociale du Collège de France. Elle a notamment publié Un long chemin semé d'objets cultuels : le cycle initiatique aranda *(« Cahiers de l'Homme »/Éditions de l'EHESS, 1995) et* An Aboriginal Village in South Australia – A Snapshot of Davenport *(Aboriginal Studies Press, Canberra, 1999).*

Le cercle magique des Kantou

par

Yves Goudineau

Le compte rendu du dernier cours que Claude Lévi-Strauss a donné au Collège de France pour l'année 1981-1982 s'achève sur ces propos, que l'on sent soigneusement pesés : « L'ethnologie aura longtemps pour mission principale de recueillir tout ce qu'il est encore possible d'apprendre sur des croyances, des coutumes et des institutions qui constituent autant de témoignages irremplaçables de la richesse et de la diversité humaines. Mais il est bon que les ethnologues, sans faillir à leur obligation première, se penchent aussi sur ces franges d'interférences où les informations provenant de sociétés les unes très proches, les autres très lointaines, s'annulent parfois et plus fréquemment se renforcent. C'est une des tâches de l'anthropologie d'aujourd'hui ; ce sera, davantage encore, une de celles de l'anthropologie de demain. »

Cette sorte d'ultime consigne laissée aux générations futures, relativisant la distance du proche et du lointain, s'accompagne de la reconnaissance que des données historiques peuvent, sous certaines conditions, contribuer à l'intelligibilité des systèmes que l'anthropologue étudie. Qui d'ailleurs viendrait nier que l'ethnologie se meut partout dans le contemporain, et que moderne et archaïque ne sont plus les termes d'une réelle altérité – s'ils l'ont jamais été. Les sociétés que d'aucuns continuent de vouloir considérer comme éloignées sont pénétrées de toutes parts, traversées d'idéaux divers, confrontées à des modèles concurrents, mises en présence d'historicités différentes.

À côté de la recherche d'invariants structuraux, la conscience de la multiplicité des logiques sociales et une réflexion rénovée au sein de la discipline, sur la position de l'observateur et sur la nature de ses interprétations, ont définitivement retiré à l'enquête ethnographique ses innocentes certitudes d'antan. Au point que chacun aujourd'hui confectionne sa propre méthodologie, mouvante au gré des terrains et composite dans ses dosages théoriques, ménageant la part faite aux structures et celle accordée à leur historicisation, et naviguant entre l'accusation d'empirisme naïf et celle de théoricisme, véritables Charybde et Scylla du métier. À cet égard, si la méthode structurale proposée par Lévi-Strauss a pu être contestée dans son ambition à représenter la méthode même de l'ethnologie comme à incarner la finalité du savoir anthropologique, elle reste un acquis majeur de la discipline – pour peu qu'il soit besoin de rappeler une telle évidence.

Les critiques portées contre certains excès de formalisme, parfois justifiées, ne peuvent entamer la valeur théorique de l'outil, dont les mérites opératoires ne s'imposent pas seulement au plan comparatif, mais se révèlent aussi lors d'enquêtes localisées. J'évoquerai, à titre anecdotique, une recherche au cours de laquelle une approche structuraliste s'est imposée, sans exclusive et de façon presque parodique, devant des faits de terrain.

Installé en 1993 dans le sud du Laos, j'effectuais mes enquêtes dans le cadre d'une expertise Unesco sur la frontière du Vietnam parmi des populations montagnardes prises – de 1945 à 1975 – dans trente années de guerres, guerre d'Indochine puis du Vietnam – ou française puis américaine, comme il est dit localement. Dans le sillage d'une étude de santé publique, il s'agissait d'abord d'identifier et de localiser les populations autochtones – toutes rattachées à la famille linguistique austroasiatique (branche katouique) : Kantou, Ngkriang, Ta Oï, Pacoh... – , qui représentent la plus ancienne implantation humaine connue dans cette partie de l'Asie. Après avoir âprement résisté à la pénétration coloniale, ces sociétés ont su se garder des missionnaires comme des ethnologues en se rangeant tôt aux côtés des forces révolutionnaires. Leurs territoires, traversés par la Sékong, ont été l'un des nœuds des pistes Hô Chi Minh pendant la guerre du Vietnam, et à ce titre dûment bombardés par l'aviation américaine jour et nuit dix années durant. Tous les villages ont été détruits au napalm dès 1965, ce qui a obligé les survivants à vivre en forêt, et à y subsister dans une nature passée au défoliant. À l'époque de l'enquête, plus de quinze ans après la fin du conflit, le décor du champ de bataille était resté planté, la jungle parsemée de débris métalliques et de bombes à fragmentation non explosées, les rivières encore empoisonnées par les agents chimiques déversés, tandis que les villages commençaient à peine à se reconstituer.

Au-delà d'une simple reconnaissance, il s'agissait d'analyser les recompositions identitaires, les réajustements cosmologiques et cognitifs, plus généralement la situation sociologique provoquée par la brusque mise en relation de ces sociétés, comprenant quelques milliers de personnes chacune, à la fois avec les armées majoritaires, vietnamienne ou lao, et avec les technologies les plus sophistiquées. En effet, la guerre puis l'après-guerre ont été l'occasion d'imposer à ces populations marginales des normes économiques et culturelles, tandis qu'étaient stigmatisées comme rétrogrades nombre de leurs pratiques sociales et religieuses. Menée avec vigueur au Vietnam, cette politique d'intégration a été – dans un environnement de dénuement généralisé – plus erratique au Laos : autoritaire ici, accordant plus loin une autonomie de fait à plusieurs villages. Tandis que des familles étaient réinstallées en plaine, acceptant d'être « laocisées », d'autres entendaient au contraire réaffirmer une civilisation et une identité propres et repartaient délibérément s'isoler sur des escarpements d'accès difficile. Dans ce contexte, seules les données massives de l'histoire récente semblaient pouvoir rendre intelligibles les formes diverses du social.

Durant plusieurs mois, tout en analysant certains des effets sociaux principaux de la guerre, je me suis aussi efforcé de comprendre les tenants de ces sociétés pour lesquelles j'observais des aboutissants sociologiques si variés, et sur lesquelles je ne disposais d'aucune documentation fiable qui eût permis de connaître leur organisation sociale passée. J'étais entraîné, qui plus est, par la méfiance des responsables locaux – m'interdisant dans un premier temps toute installation prolongée – dans une enquête extensive, à grandes journées de marches forcées qui, en rupture avec toute stabilité ethnographique, m'a mené de vallée en vallée à travers un large segment de la cordillère Annamitique.

Assez vite cependant, en dépit de la confusion apparente des situations – différences d'un groupe ethnique supposé à un autre ou selon les villages –, il m'est devenu évident, grâce à cette vue régionale obligée, que je restais au sein d'une même « culture ». Qu'il s'agisse du système religieux ou de celui de la parenté, les différentes sociétés villageoises traversées relevaient d'un même groupe de transformations, au sens que Lévi-Strauss donne à cette expression. Derrière certaines variations dans l'organisation sociale, un idéal commun les orientait toutes, en sorte qu'on pouvait dire, vu leur parenté linguistique, qu'elles ne s'écartaient jamais l'une de l'autre que par la mise en œuvre différentielle de mêmes schémas, les écarts étant fonction de leur degré d'intégration ou d'ouverture aux cultures voisines, lao ou viêt notamment.

Deux ans plus tard, une nouvelle série d'enquêtes m'a amené sur la rive gauche de la Sékong, parmi des populations kantou. J'ai découvert avec un certain émoi que les composantes et les propriétés du modèle que j'avais peu à peu reconstitué abstraitement s'y observaient partout empiriquement, actualisées et intégrées dans chaque village. La formalisation s'exprimait dans l'organisation spatiale même : longues maisons disposées en cercle, toutes tournées, à la manière des rayons d'une roue de charrette, vers le centre, où se situait une imposante maison commune – la maison des hommes – couverte de sculptures. Ces villages, d'une architecture superbe, et dont la disposition circulaire, dans sa simplicité, dégageait une rare perfection formelle, avaient tous été récemment reconstruits « suivant les instructions des ancêtres », me disait-on. S'y trouvait illustré le fait, souvent rappelé par Lévi-Strauss, qu'au sein d'un ensemble, certaines sociétés, mieux que d'autres, tendent à exprimer dans un dispositif concret les propriétés de structures inconscientes communes. De plus, le dispositif spatial présentait de remarquables similarités – presque incongrues au cœur de ces pistes Hô Chi Minh qui avaient occupé l'actualité révolutionnaire de deux décennies – avec les villages bororo qu'il avait étudiés en Amazonie.

Lévi-Strauss avait fait remarquer l'ancienneté et l'universalité – des deux Amériques à l'Indonésie – du schéma circulaire. J'avais, pour ma part, déjà observé quelques villages en cercle, mais en quasi-déshérence, sur les contreforts du plateau des Bolovens. De même, Jacqueline Matras avait, vingt ans auparavant, analysé une structuration similaire de l'habitat au Cambodge, et l'archéologie régionale rapportait des établissements circulaires vieux de presque deux millénaires. Mais dans ces villages kantou, réinventés à neuf selon des schèmes transmis dans l'épaisseur indéfinie de générations successives, les propriétés formelles du dispositif en cercle s'appliquaient au-delà de la seule distribution spatiale. En fait, tout l'univers villageois, cosmologique et social, s'ordonnait de façon concentrique, marquant symboliquement, et souvent matériellement aussi, des oppositions structurales : anneau régulier des poteaux de sacrifice/cercle imparfait des habitations, maison commune/maisons périphériques, espace habité/forêt, montagne conçue comme centrale (englobant l'ensemble territorial)/rivière pensée comme circulaire, entre autres.

Au vrai, on aurait pu soupçonner – pour caricaturer la projection ethnographique – la présence parmi les conseillers techniques ancestraux de lecteurs assidus de Claude Lévi-Strauss ! Tout un ensemble de mythes rendaient en effet compte du partage diamétral des villages, en une partie amont et une autre aval, puis expliquaient, en retraçant notamment l'évolution du système de parenté, le primat actuel de la circularité et du concentrique. Dans ces villages, une longue maison peut abriter jusqu'à une dizaine de familles, soit fréquemment cinquante personnes environ, et parfois jusqu'à plus de cent. Toute maison placée sur le cercle jouit d'une égalité formelle avec toute autre, quelles que soient les différences de taille ou de richesse.

Le mythe raconte qu'aux temps anciens le village était divisé en deux moitiés échangistes – clan du mortier du haut et clan du mortier du bas –, puis que, avec l'établissement de maisons relevant de clans extérieurs, les échanges matrimoniaux ont évolué vers ce que les anthropologues nomment un système d'échange généralisé orienté. Celui-ci est marqué par la préférence qui s'exprime pour le mariage d'un garçon avec la fille de son oncle maternel. Les Kantou – chez qui le montant théorique de la compensation matrimoniale, à savoir quinze buffles, est exorbitant, et rarement exigé – étaient particulièrement conscients des effets de cette circularité dans les échanges matrimoniaux, et attentifs à l'équilibre des fortunes entre donneurs et preneurs de femmes à l'intérieur du cercle villageois.

Quelque part dans *Tristes Tropiques*, Lévi-Strauss relate comment les missionnaires salésiens convertissaient d'autant plus facilement les Bororo qu'ils les obligeaient à renoncer à la distribution circulaire de leur habitat. Désorientés, ceux-ci, dit-il, perdaient rapidement leurs traditions ; et d'ajouter que la perpétuation de leurs systèmes social et religieux était intimement liée au « schéma rendu patent par le plan du village ». De la même manière, au Vietnam comme au Laos, les populations autochtones de la Haute Sékong, celles qui sont transplantées en plaine particulièrement, se voient contraintes à la fois d'abandonner les villages en cercle et de renoncer aux maisons communes. L'idée tacite est, là aussi, que l'intégration sera d'autant plus radicale qu'aura été supprimé ce que les bureaucraties locales savent être un référent cosmologique et un support identitaire essentiels pour ces populations.

C'est donc afin d'échapper à cette marginalisation sociale que certaines familles, souvent parmi les plus impliquées dans le combat révolutionnaire, ont décidé après la guerre, au terme d'une période passée en plaine, de repartir sur les lieux qu'elles associaient à leur identité et d'y édifier de nouveaux villages sous la conduite des ancêtres. Un assouplissement progressif des conditions d'enquête m'a permis de résider plusieurs mois dans un de ces villages – où une maison a été construite pour moi sur le cercle – et d'y vérifier la relation intime entre le schéma concentrique et le système religieux notée par Lévi-Strauss. Celle-ci devenait particulièrement évidente lors des rituels somptuaires de sacrifice de buffles que chaque village est tenu d'offrir régulièrement.

Je n'entrerai pas ici dans le détail des rites, ni dans une discussion de l'analyse du sacrifice – « discours particulier, et dénué de bon sens... » – que fait Lévi-Strauss dans *La Pensée sauvage*. J'indiquerai juste que ces cérémonies, qui visent une sorte de rénovation périodique de l'ordre villageois – entendu dans une acception totalisante englobant le social, la nature et la surnature –, donnent lieu à la convocation de tous les ancêtres et esprits tutélaires qui, invités dans la maison commune, interviennent à cette occasion dans les affaires du village par la voix des médiums. Elles sont aussi le moment de circumambulations dramatiques qui tout à la fois retracent, redécoupent et animent les cercles symboliques villageois.

« Retour à l'archaïque », dénonce l'idéologie progressiste officielle. Et aussi, assez sottement, certains chercheurs qui ne voient pas que ces rituels opèrent l'intégration d'une multiplicité d'emblèmes, représentant des historicités diverses, et attestent de temporalités contrastées. Depuis les tambours de bronze, censés rappeler la haute antiquité de la présence régionale kantou et marquer une autochtonie, jusqu'aux médailles gagnées dans la défense des pistes Hô Chi Minh, que les danseurs-guerriers empanachés arborent ostensiblement, en passant par les radiocassettes que des jeunes, retour de la ville, font hurler avec fierté. Tous ces emblèmes sont contemporains au même titre, et leur réunion dessine les contours et la profondeur d'un espace identitaire kantou actuel, habité d'individus concrets pour qui arbalète et kalachnikov sont complémentaires.

Lévi-Strauss est de ceux qui, très tôt, ont averti – contre une exotisation dérisoire de l'archaïque, et tout aussi bien du prétendu moderne – que l'analyse anthropologique doit penser des structures intégrant des plans temporels différents. Le seul de ses écrits en ma possession au Laos était « le Père Noël supplicié », petit bijou publié en 1952 dans « les Temps modernes », dont la lecture me comblait par la finesse avec laquelle est exécuté, à travers la médiation de l'histoire, le passage de l'actualité – un fait divers plutôt cocasse – aux structures symboliques.

Succédant à Claude Lévi-Strauss au Collège de France, et semblant faire écho à son dernier cours, Françoise Héritier indiquait dans sa leçon inaugurale : « Tout système, tout aussi articulé qu'il soit, ménage des ouvertures, des franges équivoques, des failles qui laissent prise à l'innovation sous les coups de l'histoire. » Les coups de l'histoire ont frappé – et longtemps – les populations katouiques, sans anéantir complètement cet idéal circulaire que certains continuent d'exprimer aux confins. Et plus que jamais, l'observation du cœur supposé d'une société est inséparable de celle de ses franges.

Yves Goudineau, anthropologue à l'École française d'Extrême-Orient, est chargé de conférences à l'École Pratique des Hautes Études. Il a notamment publié « Tambours de bronze et circum-ambulations cérémonielles » (in Bulletin de l'École française d'Extrême-Orient, *87-2, Mélanges du centenaire, 2001) et* Laos and Ethnic Minority Cultures *(Unesco, 2003).*

La fête des Mystères à Campobasso

par

Giordana CHARUTY

On s'en souvient peut-être, l'expression « métaphysique en activité » s'impose à Antonin Artaud alors qu'il s'interroge sur l'efficacité concrète des théâtres orientaux, où la force prodigieuse d'un langage se déploie, à rebours de toute réduction psychologique, « dans tous les sens ». Les ethnologues ne reprendraient certainement plus à leur compte l'opposition entre Orient et Occident. En revanche, la formule caractérise, assez bien, le projet d'une anthropologie générale qui, lorsqu'elle s'exerce en Europe, découvre ici aussi des logiques très concrètes : celles du christianisme coutumier.

Un système symbolique – au sens que Claude Lévi-Strauss relisant Marcel Mauss a donné à cette expression – est un système classificatoire fondé sur une logique des qualités sensibles. On sait que le mode de pensée symbolique, bien attesté dans les cultures occidentales anciennes, a été progressivement disqualifié à mesure que l'on a distingué différents domaines de la nature à soumettre aux principes d'une nouvelle rationalité scientifique. Nombreuses ont donc été les réserves quant aux possibilités de transposer les principes du structuralisme et la notion de pensée sauvage aux sociétés occidentales.

Les anciennes cultures rurales ont d'abord été privilégiées. Identifier en leur sein les traces d'une pensée mythique n'a pas consisté, bien sûr, à les traiter comme des sociétés sans écriture. Il s'agissait plutôt d'établir l'existence de logiques symboliques qui fondent la mise en ordre du monde, distinguent des catégories ontologiques et offrent un large éventail de rituels thérapeutiques. Ainsi, les sociétés pastorales des Asturies ou du Pays basque font de l'opposition du bénit et du maudit un mode de classification pour structurer l'espace et le temps, hiérarchiser les êtres humains et surnaturels, les plantes et les animaux. Ou bien, on a pu mettre en évidence la prégnance des langages de la cuisine et de la couture comme codes sémantiques afin de penser, entre femmes, les modes de transmission de la féminité et définir, pour nos sociétés, la notion de coutume comme ce qui permet l'articulation du temps de la vie individuelle au temps de l'année (Yvonne Verdier, *Façons de dire, façons de faire – La laveuse, la couturière, la cuisinière*, Gallimard, 1987).

Dans le renouveau des langages festifs contemporains, l'Europe méditerranéenne se distingue par la vitalité des codes culturels que plusieurs siècles de christianisme ont façonnés. En Italie méridionale, en Espagne, au Portugal, son légendaire offre aux sociétés locales un riche répertoire de figures d'identification, qu'elles situent dans deux registres temporels différents : au passé, la dévotion ; au présent, la tradition. Ainsi, la capitale du Molise, Campobasso, est bien connue pour sa procession des Mystères : le matin de la Fête-Dieu, treize tableaux vivants portés à dos d'homme parcourent la ville médiévale, en représentant des épisodes de l'Ancien et du Nouveau Testament, et des moments de la vie des saints.

On peut dater du XVIe siècle les premières attestations de machines construites chaque année par les deux confréries rivales des Croisés et des Trinitaires. Mais cette cérémonie liturgique ne se transforme en « tradition du Molise » qu'à partir de la seconde moitié du XIXe siècle, dans un contexte de création de nouvelles identités régionales qui contribue à l'édification d'une culture nationale. De nombreux écrits d'historiens, d'érudits locaux et de voyageurs étrangers accompagnent ce mouvement de traditionalisation qui dissocie les pouvoirs religieux et laïques en dédoublant les processions : celle des Mystères, sous la responsabilité de la municipalité, sort le matin de la Fête-Dieu, tandis que celle du Saint-Sacrement sort l'après-midi, sous l'autorité exclusive de l'Église.

Le terme employé aujourd'hui pour désigner la représentation est conforme au sens médiéval de *ministerium* : « métier d'artisan », avant de désigner le jeu théâtral proprement dit. Cependant, l'historiographie la plus récente, destinée à réaffirmer la valeur culturelle de la *Sagra dei Misteri*, tend à privilégier un autre moment et une autre esthétique, celle du baroque napolitain, incarnée par un sculpteur local auquel on attribue la création des structures métalliques qui supportent les personnages, à plusieurs dizaines de mètres au-dessus du sol, pour conserver le principe de scènes incarnées par des acteurs et non par des statues : les « Mystères au naturel ».

La fête n'a pas seulement été mise en écriture. Elle a été dessinée, et plus encore photographiée et filmée, sans pour autant remplir le vide ouvert, en 1855, par les lithographies qui illustrèrent les premiers ouvrages érudits et que l'on reproduit, aujourd'hui, pour historiciser la fête. Chaque mystère apparaissait, alors, sous deux formes. D'un côté, une armature dénudée, simplement esquissée comme les branches d'un arbre sec en effaçant tous les détails techniques. De l'autre, des saints, des vierges, des anges suspendus entre terre et ciel, comme animés de mouvements inverses, ascendants ou descendants. Rien n'était montré du passage d'un état à l'autre. Rien n'était donné à voir du travail des hommes pour faire que, ce jour où Campobasso s'autoreprésente en mettant en acte la croyance chrétienne, le ciel de la ville soit traversé d'anges, de saints et de vierges bien vivants. Gravures et photographies reprennent à leur compte, en somme, l'ambiguïté du statut de la représentation dans les sociétés chrétiennes. Contre le risque toujours présent de voir ce théâtre basculer du côté de la dérision carnavalesque, il s'agit de réaffirmer son caractère sacré, en effaçant le moment où les corps humains glissent du côté de la forme peinte ou sculptée pour que, ce jour-là, les saints soient vivants, entendons pour que les images saintes deviennent, littéralement, animées.

L'ethnologue adopte délibérément un autre parti pris. Il lui faut s'installer dans les coulisses du théâtre pour observer la complexité des gestes des hommes mobilisés, chaque année, afin de réaliser le mystère de l'Incarnation. Seul cet observatoire donne à voir et à entendre les préoccupations qu'une société civile investit dans les formes d'un langage qui, loin de se réduire au sens dogmatique fixé par une Église, peut être investi, au fil du temps, par des valeurs très contrastées. La représentation cérémonielle fait intervenir, tout au long de sa réalisation, une multiplicité de responsables coutumiers qui, chaque année, retrouvent leurs fonctions pour recruter une soixantaine d'enfants et d'adolescents. Parmi les nombreux candidats, il faudra choisir l'Ange d'Abraham ou de saint Roch, l'Immaculée Conception, la Madeleine ou Saint Michel, rôles difficiles qui exigent de rester suspendu en l'air, quatre heures durant, sans souffrir ni du vertige, ni de la chaleur, ni des nausées que provoquent les secousses imprimées par les porteurs. En bonne logique chrétienne, les enfants sont élus selon des modalités qui évoquent le combat entre l'ange et le diable présidant, après la mort, au destin des âmes.

D'autres règles implicites confèrent à cette intense expérience sensorielle et émotionnelle un pouvoir de transformation pour tous ceux qui s'y soumettent. Les rôles marquent des étapes de l'enfance et de l'adolescence, à travers un façonnage physique et psychologique destiné à produire progressivement des qualités masculines et féminines. Les Anges s'élèvent progressivement dans les airs avant d'incarner, à mesure de la « formation », des Saints et des Vierges puis, pour quelques-uns, le couple du Grand Turc et de son épouse, sur le Mystère de saint Nicolas. On déploie tous les gestes de la parure pour embellir les uns et les autres, conformément à leur future destinée d'homme ou de femme. Les fillettes reçoivent de leurs mères et grand-mères leurs premiers bijoux et l'usage demeure qu'au terme de la procession les Anges, devenus garçons et filles, reçoivent des cadeaux conformes à leur nouvelle identité sociale. Quant aux signes de malaise physiologique, ils ne sont si redoutés que parce qu'on lit en eux, selon le langage de la diabolisation, les difficultés à assumer une identité sexuée.

Figurées dans le temps du rite comme attributs des images saintes, soumises à l'évaluation des spectateurs, ces qualités sont transférées aux acteurs revenus à la vie ordinaire, comme autant de manières incorporées. Mais ce théâtre offre aussi des figures très contrastées de la féminité. Aux différentes Vierges, des rôles très enviés par les fillettes, s'oppose la figure ambiguë de la Donzella, autrefois cible du jeu carnavalesque des Diables, sur le Mystère de saint Antoine. La définition de ce rôle a varié dans le temps. Toutefois, les alternatives offertes sont toujours pensées par rapport aux effets que l'on peut en attendre sur la destinée matrimoniale des actrices. C'est dire que ce jeu théâtral permet de formaliser, au fil des années, le déplacement des interrogations qu'une société élabore quant au partage entre les sexes, les spécificités de l'identité féminine et la valeur à assigner au mariage.

Les possibilités de remotivation d'usages qu'un regard hâtif aurait disqualifiés comme folkloriques sont tout aussi attestées dans la péninsule Ibérique. Par exemple, le cycle festif annuel de la vallée pyrénéenne de Bielsa révèle le système d'oppositions et d'homologies entre les masques carnavalesques, les statues de saints et de vierges, et les figures du légendaire fantastique qui ordonnent les parcours progressifs des garçons et des filles. Comme les mythes, ces figures s'interprètent mutuellement pour construire une série de représentations sensibles de l'inceste entre frères et sœurs, en dévoilant les fausses fiancées auxquelles il faut renoncer pour accéder au mariage (Déborah Puccio, *Masques et dévoilements – Jeux du féminin dans les rituels carnavalesques et nuptiaux*, CNRS Éditions, 2002).

Transposée à la construction des identités collectives, une riche panoplie de masques, de rôles théâtraux et de récits légendaires convoque, dans toute l'Europe méditerranéenne, des figures emblématiques de la division en religions antagonistes, à travers lesquelles les sociétés locales rejouent, périodiquement, l'expulsion ou la conversion de l'autre. Lépreux, juifs et musulmans ; ces trois figures qui, à la fin du Moyen Âge, représentaient les ennemis de la chrétienté ont rapidement fait place à une autre série : juifs, hérétiques, sorcières. À la démonstration, apportée par Carlo Ginzburg, de cet enchaînement historique des persécutions, l'anthropologie a ajouté la logique sémantique qui commande l'assimilation du juif et du lépreux à une unique figure de l'altérité menaçante, à travers laquelle les chrétiens interrogent les paradoxes de leurs propres croyances (Claudine Fabre-Vassas, *La Bête singulière – Les juifs, les chrétiens et le cochon*, Gallimard, 1993). Cette analyse a ouvert la voie à de nouvelles lectures de l'intense présence, dans le carnaval ou dans des célébrations se présentant comme des commémorations historiques, des figures de Maures, de Turcs, de Sarrasins.

Assimilés, il n'y a pas si longtemps encore, à des formes génériques d'hommes sauvages, ils apparaissent désormais comme des figures projectives, alternativement positives et négatives, à travers lesquelles se construit l'identité chrétienne, aussi bien individuelle que collective. Les innombrables représentations théâtrales qui mettent en scène le rachat, par les chrétiens, d'une statue de la Vierge dérobée par les Maures suggèrent une hypothèse qu'il conviendrait d'explorer : si la figure chrétienne du Juif sert à penser le dogme de l'Incarnation à partir de l'exclusion du sacrifice sanglant, la figure chrétienne du Maure paraît plutôt servir à penser ce même dogme à partir des problèmes que pose l'adhésion à la représentation figurée.

Les formes rituelles de territorialisation permettent aux communautés locales, en l'absence de toute légitimation religieuse de l'autorité centrale, d'affirmer leur souveraineté. Pour mettre ce principe en évidence, l'anthropologie n'écarte plus les formes cérémonielles contrôlées par les institutions ecclésiastiques, ni les écrits des érudits locaux. Considérant que la société civile inclut des clercs et est imprégnée d'écriture, elle traite les gestes liturgiques et les textes savants comme des actes, au même titre que les rites et le légendaire coutumiers dont les logiques structurales ont rendu caduques les analyses en termes de religiosité populaire ou subalterne. Peut alors apparaître l'intense conflictualité politique au cœur même du langage religieux.

À Campobasso, la *Sagra dei Misteri* n'est pas un récit fondateur consensuel. La bourgeoisie locale préfère donner à la ville une autre origine médiévale, qu'elle met à son tour en scène chaque année en recourant non plus au langage de l'Incarnation, mais à celui du pacte civil introduit, il est vrai, par un clerc : la paix instituée entre deux factions rivales, rendant désormais possibles les mariages, autant dire la reproduction sociale. À l'inverse, comme le montre Bernardino Palumbo, les Marianesi et les Nicolesi qui luttent à Catalfaro (Sicile), depuis le XVIIIe siècle, pour le pouvoir au village, par églises et statues interposées, peuvent en venir à actualiser, littéralement, la Passion du Christ lorsqu'ils agressent, un jeudi saint en pleine église, le jeune curé qui s'oppose à leurs pratiques mafieuses. L'historiographie locale devient alors un objet essentiel de l'enquête, pour rétablir les liens que cette écriture entretient avec le pouvoir symbolique et l'autorité rituelle. C'est ainsi que la production conflictuelle d'historiographies concurrentes gouverne, au même titre que le savoir rituel, la structuration dualiste d'un pouvoir local à la fois civil et religieux.

Tout en prenant en compte la profondeur historique des pratiques observées dans le présent, l'enquête ethnologique n'obéit pas aux mêmes contraintes que l'enquête historique. D'une certaine façon plus proche de l'archéologie que de l'histoire, elle s'attache à la diversité culturelle au sein des sociétés occidentales, sans pour autant conclure qu'il s'agit là de survivances d'une religiosité révolue. Sauf à reconsidérer l'emploi, non évolutionniste et non scientiste, qu'Aby Warburg a fait de ce terme – emprunté à Edward Burnett Tylor – pour reconnaître aux formes rituelles, comme aux formes esthétiques, des modes d'historicité spécifiques qui conduisent à reconnaître la diversité des temporalités actives dans le présent. Loin donc de disparaître avec les transformations produites par les processus de modernisation, les logiques symboliques sont au contraire ce à partir de quoi on peut identifier, rigoureusement, les remaniements opérés par les mouvements de modernité.

Giordana Charuty est anthropologue, directeur d'études à l'École pratique des Hautes Études. Elle a notamment publié Folie, mariage et mort – Pratiques chrétiennes de la folie en Europe occidentale *(Seuil, 1997).*

L'aide humanitaire, ou les avatars du don

par

Henri COURAU

L'aide humanitaire d'urgence n'officie pas seulement chez les autres. Au printemps 1999, le gouvernement français décide de recevoir décemment des réfugiés albanais du Kosovo. À Sangatte, près de Calais, il réquisitionne un hangar, ancienne usine de la société Eurotunnel, et charge la Croix-Rouge de pourvoir à leur hébergement et à leur nourriture. Les accords de paix de Kumanovo sont signés en juin et en septembre ; après quelques mois de fermeture, la Croix-Rouge rouvre le centre pour accueillir cette fois les clandestins qui, espérant obtenir un passage illégal vers l'Angleterre, sont installés dans les parcs de la ville de Calais. Fin 1999, environ 500 personnes sont hébergées dans ce hangar de deux hectares et demi. Fin 2002, on en compte 2 000, de près de 90 nationalités différentes. Ce dispositif constitue le paravent éthique d'un objectif politique clair : ne pas inciter les résidents à rester, ce qui n'est d'ailleurs pas leur vœu. Les Britanniques surnomment Sangatte le « centre de remise en forme » : nourris et logés, les « réfugiés clandestins » sont libres de leurs mouvements et peuvent tenter de se rendre en Angleterre. La Croix-Rouge a mis de nombreux services en place, mais, dans une structure prévue pour 800 personnes, il n'est pas évident d'en satisfaire au mieux 1 500.

Les distributions, quand elles ne sont pas interrompues, finissent souvent en jets désespérés de marchandises ou en abandon des chariots pleins : « Qu'ils se démerdent ! » Le premier qui attrape est le plus chanceux, jusqu'à ce qu'on lui dérobe son bien dans la cohue générale. Les distributions nécessitent ordre, discipline et humanité ; celles de Sangatte se résumeraient par ces mots d'un employé : « Faut aller vite pour ne pas qu'ils aient le temps de se plaindre ! Ils prennent ce qu'on leur donne et s'ils ne sont pas contents ils n'ont qu'à aller voir ailleurs ! » Face à ce traitement, les résidents, eux, lancent : « *Hey ! We are not animals !* »

Après une année passée au Kosovo en tant que bénévole dans une petite ONG française pour gérer les programmes de distributions et une autre année en tant que médiateur interprète salarié de la Croix-Rouge française à Sangatte, j'ai pris la décision – afin de répondre à mes questionnements et de lever mes incertitudes sur les bienfaits de l'aide humanitaire – de reprendre des études en anthropologie pour analyser ces pratiques de l'intérieur, tout en me situant dans un entre-deux : entre l'institution et les bénéficiaires, qui se trouvent dans une phase de rupture par rapport à leur vie normale et survivent sous perfusion humanitaire.

Le déplacement forcé fragmente et disperse les communautés et les parentèles, démantèle les systèmes d'organisation sociale et les liaisons interpersonnelles. Face aux populations déplacées, les volontaires expatriés de la solidarité internationale éprouvent souvent de la déception, voire de la suspicion, car ils n'obtiennent pas la réponse qu'ils attendaient à leur présence ni à l'aide qu'ils prodiguent. Lorsqu'ils se rencontrent, aideurs et aidés sont deux communautés déplacées de leurs sociétés d'origine. Les uns sont en situation d'exil ; les autres ont choisi de leur venir en aide. S'ensuit une relation de donneur-receveur autour de laquelle ils vont interagir dans une dynamique d'évolution mutuelle des identités et représentations de chacun des acteurs.

L'étude anthropologique peut fournir une grille d'analyse pertinente pour décoder ce qui est ici en jeu. Les relations interactionnelles entre les personnes, et le don lui-même, ne cessent en effet de faire l'objet d'exégèses depuis Marcel Mauss. Dans son « Essai sur le don – Forme et raison de l'échange dans les sociétés archaïques » (1923-1924), Mauss se pose plusieurs questions : Pourquoi doit-on donner ? Pourquoi doit-on accepter un don ? Et, quand on l'a accepté, pourquoi faut-il rendre ? Car, précisément, donner oblige en créant un déséquilibre entre donateur et donataire.

Le don, la réception et le contre-don constituent les trois temps du schéma dégagé par Marcel Mauss. Étudiant le potlatch nord-amérindien, il note que le donateur crée un sentiment d'appartenance, une dette symbolique chez le donataire, que ce dernier, sous peine de voir son honneur diminuer, devra combler en rendant ostensiblement plus. Le potlatch aboutit à une accumulation de dons et de choses à donner. Une dette symbolique va et vient entre les protagonistes, jusqu'à ce que l'un des deux ne soit plus en mesure de donner. Le don a horreur de l'égalité ; il recherche l'inégalité alternée, comme l'analyse Jacques Godbout (*L'Esprit du don*, 1992). Maurice Godelier, lui, montre qu'il ne peut pas être un geste désintéressé et qu'il participe immanquablement d'une volonté de s'imposer : le donataire devient l'obligé du donateur (« l'Énigme du don », 1996).

Mauss décrit le don comme « fait social total » car il fixe les protagonistes de l'échange dans un processus d'interaction privilégiée inscrit au cœur du lien social. C'est ce que confirme l'étude de Malinowski (*Les Argonautes du Pacifique occidental*, 1922) sur le système trobriandais de la kula : les liens sociaux entre habitants des différentes îles de l'archipel se créent par un échange organisé de présents qui se déroule au cours d'un long périple. Dans ce système où chaque don appelle un contre-don, bracelets et colliers parcourent dans les deux sens – d'est en ouest et d'ouest en est – un même chemin circulaire : ce double circuit de prestations cérémonielles lie donateurs et donataires par un engagement réciproque qui assure la continuité et la stabilité du lien social.

Dans l'aide humanitaire d'urgence, la dyade du don, formée par les employés internationaux et par les récipiendaires – déterminés par ces employés –, ne construit pas l'espace essentiel à une réception digne et à un contre-don honorifique. Le donataire finit par perdre l'estime de soi. En donnant sans recevoir, les donateurs se privent de la création du lien et privent les récipiendaires d'une auto-reconstruction sociale et culturelle. Les détracteurs de l'aide humanitaire évoquent ainsi l'image du singe de zoo qui, rassasié par les bananes que lui lancent les visiteurs, n'est plus capable de manger seul. Cette image pourrait sourdre de certains spots des campagnes d'urgence. De fait, l'aide institutionnalisée génère d'inévitables effets pervers : trop grande rapidité dans l'évaluation des besoins et dans la mise en place des programmes ; priorité donnée à la visibilité pour l'implantation géographique des agences ; focalisation sur les besoins basiques liés à l'urgence, au détriment des aspects culturels et sociaux de l'aide ; enfin, développement d'un processus d'assistanat qui, à terme, déresponsabilise les bénéficiaires.

Aux enquêtes sur leurs attentes, ceux-ci répondent souvent : « Donnez-nous ce que vous avez, c'est déjà ça ! » Ils en viennent à réclamer aux agences non pas ce dont ils ont besoin, mais ce dont elles disposent. Est-ce à dire que, en charriant son matériel et ses idées, l'aide humanitaire créerait une nouvelle demande où le don serait un dû ? Réduire les populations déplacées à l'état de victimes puis les stigmatiser les précipite dans une nouvelle représentation identitaire. L'afflux et le rythme écrasant des dons les enferment dans une position de receveur passif condamné à l'impossibilité de rendre. Jacques Godbout commente ce phénomène : « On peut se faire avoir en donnant, si le donataire ne reçoit pas le don comme un don mais comme un dû ; mais on peut également se faire avoir en recevant, par le poids de la dette contractée à l'égard du donateur. » La structure du don n'obéit pas au schéma moral de la charité, où le donateur se satisfait par l'obole qu'il verse à un inconnu. Premier acteur du don, l'employé d'une ONG en est à la fois le dépositaire et le dispensateur. Mais comment donnera-t-il quelque chose qu'il ne possède pas en propre ? N'étant pas symboliquement en mesure de le faire, il ne pourra donc pas supporter la dette. Dans *Mistrusting Refugees* (University of California Press, 1996), Barbara Harrell-Bond caricature cette équivoque au sujet de l'appartenance des biens : « Si le matériel est pour les réfugiés, alors il leur appartient. »

Sans outrageusement détourner le sens de cette phrase, l'anthropologie doit pouvoir se permettre d'analyser le don humanitaire prodigué après la guerre, en mai 2003, aux populations irakiennes. Matériel et denrées provenant de la confiscation de leurs avoirs aux États-Unis, les Irakiens réclament le droit d'en disposer eux-mêmes, tant on leur donne ce qui leur appartient déjà.

Si les politiques des bailleurs de fonds d'agences humanitaires ne sont pas toutes de la sorte, néanmoins elles orientent et formatent le don institutionnel en fonction de préférences géographiques, politiques et économiques. Au-delà de la volonté de solidarité, l'histoire de l'aide humanitaire est aussi celle des tensions avec les pouvoirs et des tentatives de ces derniers d'instrumentaliser les ONG afin de servir leurs objectifs. Par ailleurs, les campagnes de collecte de dons reproduisent des spécificités du potlatch. On y retrouve en effet l'appel à donner toujours plus, avec l'ambition que le total encaissé dépasse le précédent. Certaines agences s'associent aux médias pour transcender le don le temps d'une soirée où la France entière fait assaut de libéralité et où les donateurs les plus généreux sont cités et placés sur le devant de la scène. Dans sa forme agonistique, le potlatch est une forme de don où l'on veut prouver sa supériorité. C'est une stratégie qui permet de valider un titre ou un rang. L'autre se trouve en dette de façon quasi permanente et il se doit de faire un contre-don plus important que le don initial ou bien, s'il n'en a pas les moyens, de reconnaître la supériorité du donateur.

Pour aller plus loin, Annette Wiener (*Inalienable Possessions – The Paradox of Keeping-While-Giving*, University of California Press, 1992) montre que l'on peut donner sans vraiment se séparer de ce que l'on donne. Selon elle, ce qui est donné, c'est le droit d'user d'une chose ; ce qui est gardé, c'est la propriété inaliénable. En effet, l'aide humanitaire estampille les denrées et les objets qu'elle donne, qui affichent ostensiblement l'origine de leur provenance. Le donateur conserve la possibilité de se prévaloir de son don et de la dette contractée à son égard par le bénéficiaire. Celui-ci entrera dans un lien de dépendance à l'égard de son bienfaiteur ; il signe une alliance d'obligation. On est proche ici d'enjeux politiques et économiques importants. N'a-t-on pas vu une puissance jouir des richesses d'un peuple en échange de la liberté qu'elle lui a accordée ?

Le contre-don ne peut égaler la somme des dons reçus. La reconnaissance est certes un retour de don ; cependant, elle ne fait pas le poids face à la quantité donnée et, même éternelle, resterait un leurre pour les deux protagonistes. Ce sont par conséquent les employés, à la base de l'interaction entre ONG et réfugiés, qui tirent avantage du contre-don. Il faut démythifier le don de soi désintéressé qui est à l'origine du départ en mission du volontaire : le bénéficiaire lui offre l'occasion de se construire et de romancer sa vie (Pascal Dauvin et Johanna Siméant, *Le Travail humanitaire – Les acteurs des ONG du siège au terrain*, Presses de Sciences Po, 2002) en partageant son vécu atypique. « On reçoit toujours plus qu'on ne donne ! », déclarent ceux qui reviennent ; ces expériences sont très difficiles à faire partager. S'établit alors un groupe de pairs, la communauté des anciens de Bosnie, du Rwanda, du Kosovo, de l'humanitaire, où l'on parle le même langage et raconte les mêmes histoires : dons des expériences et récits de vie des victimes desquels on tirera la substantifique moelle constitutive d'une identité « relativisant notre monde occidental ».

L'anthropologie réclame une présence sur le terrain qui conjugue implication personnelle et mise à distance de son objet. À ce titre, elle est une méthode efficiente et objective pour appréhender ces lieux sensibles et nouveaux circonscrits par l'aide humanitaire. La recherche ne se veut ni légitimatrice ni dénonciatrice, elle vise plutôt à dégager, à la suite de travaux pionniers, la signification et les enjeux des pratiques actuelles pour éventuellement contribuer à les corriger.

Henri Courau est docteur en anthropologie de l'École des Hautes Études en Sciences sociales et chercheur associé à l'Institut de Recherche pour le Développement. Sa thèse, « Ethnologie de la forme-camp de Sangatte – de l'exception à la régulation », est parue aux éditions des archives contemporaines.

POSTFACE

Si c'est un homme...

par

Marcel CONCHE

Les « sauvages » absolutisent les normes par lesquelles ils se définissent eux-mêmes comme hommes vrais, leur comportement étant juste par là même ; ceux des autres tribus, groupes linguistiques ou villages, ne sont pas humains au même titre, si même ils sont humains. Or nous aussi absolutisons nos normes et nos valeurs, à savoir notre morale, notre conception des droits de l'homme ; en cela nous sommes, nous aussi, des sauvages – mais sauvages pour lesquels il n'y a plus de « sauvages », mais seulement des hommes, à titre égal.

« Au nom de l'extrême diversité des lois des peuples du monde, Lévi-Strauss récuse violemment l'idée que l'homme soit avant tout un être moral ; un seul critère est valable : la qualité d'être vivant », écrit Catherine Clément (*Claude Lévi-Strauss*, PUF, 2002, p. 90). Si l'on considère le nombre immense des cultures par lesquelles, depuis les premiers temps, les hommes se sont manifestés à la surface de la Terre, on peut bien dire que l'homme est « avant tout » un être vivant. Mais si l'on considère l'homme de notre époque – de cette époque pour laquelle, dit Lévi-Strauss, « la Révolution de 89 joue le rôle de mythe fondateur » (*De près et de loin – Entretiens avec Didier Eribon*, Odile Jacob, 1988, p. 165) – , il faut dire que l'homme, bien qu'il soit aussi un être vivant (et, certes, il ne doit pas l'oublier), est d'abord et « avant tout » un être moral.

Non qu'il y ait un sens quelconque à dire que la morale des droits de l'homme eût dû être respectée par les Indiens Bororo ou par les Nambikwara, ou par les sociétés à cannibalisme, ou par celles qui pratiquaient l'infanticide, ou même qu'elle eût dû s'imposer à l'esprit des Mérovingiens, voire des hommes de la Renaissance, par exemple, mais elle n'en est pas moins la morale absolue, pour notre époque. Il n'est personne, en effet, qui ne condamne les crimes contre l'humanité, tels que celui qui s'attache au nom d'Auschwitz, ou d'autres. C'est donc que la morale n'est pas affaire d'opinion.

L'homme a des devoirs liés à son métier, à sa profession, à ses responsabilités dans une entreprise, une association, etc. ; il a aussi, s'il est croyant, des devoirs religieux. Aucun de ces devoirs n'a le caractère inconditionnel d'un devoir moral : on a les devoirs d'un journaliste sous condition d'être journaliste, d'un médecin sous condition d'être médecin, d'un chrétien sous condition d'être chrétien, et ainsi de suite. Mais que, témoin d'un accident, je doive, si je le peux, porter secours aux blessés, c'est là un devoir inconditionnel. Pour échapper aux devoirs simplement éthiques ou déontologiques, il suffit de renoncer aux activités ou aux engagements qui les comportent ; mais pour échapper aux devoirs moraux, de nature inconditionnelle, il faudrait cesser d'être homme.

Or, dans notre culture, quels sont ces devoirs ? Au temps des Mérovingiens, les gens avaient des devoirs envers leurs voisins, les habitants de leur village, ceux peut-être des villages d'alentour, non envers les Chinois – dont ils ne savaient rien. Aujourd'hui, nous savons que tous les hommes font partie d'une seule humanité, d'une unique famille humaine. Que tous les humains aient des devoirs envers tous les humains, telle est la forme, aujourd'hui, de l'obligation morale, et elle est caractéristique de notre époque. Cela suppose que tous les hommes sont hommes, à titre égal. La morale ne veut connaître aucune différence de rang, de caste, de classe, de race, de condition. « Universalisme abstrait », dit-on. Mais dire « C'est un homme », lorsqu'il s'agissait, au XVIe siècle, d'un Indien, cela n'avait rien d'abstrait. Ou dire « C'est déjà un homme », lorsqu'il s'agit d'un enfant à naître, cela, non plus, n'a rien d'abstrait. Si ce n'était qu'abstrait, ce ne serait pas aussi dérangeant.

Aucune culture n'existe sans normes absolues. Car si l'on ne croit plus à rien, la culture se défait. Lévi-Strauss parle de « l'absurdité qu'il y a à déclarer une culture supérieure à une autre » (*Race et histoire*, Denoël, 1987, p. 70). Mais il appartient à chaque culture de se croire supérieure aux autres. Absurdement ? Non, car le relativisme culturel ne contredit pas à l'absoluité des normes : les deux sont, au contraire, indissociables. Le relativisme signifie qu'aucune culture n'est en droit d'universaliser ses absolus, comme s'ils devaient être les absolus de toute culture ; il ne signifie pas qu'une culture doive renoncer à ses normes absolues, car ce serait se nier elle-même, détruire ce qui la fonde.

Relativisme culturel et absoluité des impératifs moraux me paraissent se concilier parfaitement dans Montaigne. Lévi-Strauss conteste ma lecture des *Essais* : « Pour M. Conche, les droits de la conscience morale resteraient intacts chez Montaigne ; ils s'exerceraient dans et par l'usage de la raison » (*Histoire de lynx*, Plon, 1991, p. 287, note). Cela, M. Lévi-Strauss ne le croit pas. Il lui semble que je restreins à tort la portée de l'« Apologie de Raimond Sebond », où il faudrait voir plutôt la vraie pensée, nihiliste, de Montaigne : « Alléguant pour excuse une outrance à quoi il se prétend contraint par les besoins de la polémique, il livre, sous ce couvert, l'essence même de sa pensée » (*ibid.*). Il est possible qu'il y ait un moment nihiliste dans l'évolution de Montaigne. Mais l'« Apologie » fut écrite autour de 1576. Les grands essais du livre III (1588) rendent un tout autre son. Par son affirmation de la différence essentielle de l'« utile » et de l'« honnête », par sa condamnation de la torture, des procès de sorcellerie, des méthodes barbares de colonisation du Nouveau Monde, par son attention aussi à la condition des enfants et des pauvres, Montaigne est en somme, au XVIe siècle, et en plein accord avec l'essence de la culture humaniste, le héraut de la morale universelle.

La difficulté est maintenant la suivante. De par le relativisme culturel, aucune culture n'est en droit d'universaliser ses absolus. Qu'advient-il alors lorsque l'absolu d'une culture – la nôtre – est l'universalité même ? De plus, aucune culture, sauf à vouloir dominer et détruire, ne prétend universaliser ses absolus : les Aztèques ne prétendent pas imposer leurs absolus aux non-Aztèques, etc. Or que prétendons-nous sinon que la morale des droits de l'homme devrait s'imposer universellement, dès lors qu'à travers toutes les cultures, si diverses soient-elles, il n'y a, finalement, que des hommes ?

À supposer qu'il en soit ainsi, peut-on nous le reprocher ? Claude Lévi-Strauss n'a jamais songé à reprocher aux sauvages d'être des sauvages. Pourquoi donc nous reprocherait-on notre sauvagerie ? Quel est notre droit ? D'anéantir toute culture où ne seraient pas respectés les droits de l'homme ? Nullement, car la morale n'a pas en vue les cultures comme telles, mais seulement les hommes qui les composent. Des cultures où seraient pratiqués les sacrifices humains, le cannibalisme ou l'infanticide, par exemple, devraient, comme telles, être respectées, mais cependant, les actes de cannibalisme, d'infanticide, les sacrifices humains ne seraient pas, pour autant, tolérés. Il y aurait confrontation des cultures et il devrait y avoir accommodation de l'une à l'autre (Lévi-Strauss parle de « coalition » des cultures ; je préfère « accommodation »).

Au reste, M. Lévi-Strauss peut-il croire sérieusement que notre culture, placée sous le signe des droits de l'homme, n'est pas supérieure, sinon à toute autre – qu'en savons-nous ? –, du moins à telle autre ? Car il y eut une culture nazie, avec des livres, des œuvres d'art, des films, des cérémonies, des célébrations, des symboles, des usages, des rites. Faut-il la mettre à égalité avec la nôtre ? Évidemment non. Évidence absolue, exclusive de tout doute, évidence de sauvage, donc ? Mais croire absolument que tout homme a droit au respect (et pas seulement l'homme – Claude Lévi-Strauss a raison –, mais tout ce qui vit : animaux, plantes, toute la nature), si c'est là sauvagerie, elle n'a plus rien de « sauvage ».

Marcel Conche est professeur émérite de la Sorbonne.

Table des matières

Avant-propos – Comprendre l'autre, *par Jean* DANIEL 7

LA RÉVOLUTION LÉVI-STRAUSS 11
La méthode structuraliste, *par Patrice* MANIGLIER 13
Abrégé d'anthropologie, *par Patrice* MANIGLIER 21
Une brève histoire du regard occidental, *par Emmanuel* DÉSVEAUX 25
Lévy-Bruhl et la mentalité primitive, *par Frédéric* KECK . 33
La pensée du sauvage, *par Robert* DELIÈGE 41
L'interdit de l'inceste et l'exigence de réciprocité, *par Marcel* HÉNAFF 49
Chamanes et esprits : aux frontières du contre-monde, *par Bertrand* HELL 57
L'anthropologie est une anthropophagie, *par Mondher* KILANI 65
Les modernités multiples, *par Constantin* VON BARLOEWEN 71
« Une société réduite à sa plus simple expression... », *par Eduardo* VIVEIROS DE CASTRO 79
Chercher l'Indien, *par Matthieu* CHARLE 83
L'exotique ici, le familier ailleurs, *par Christian* GHASA-RIAN 87
Comment peut-on (encore) être ethnologue ?, *par Natacha* GIAFFERI 91

D'UN CONTINENT L'AUTRE 99
Grammaire des mythes bamiléké, *par Charles-Henry* PRADELLES DE LATOUR 101
La chair de la terre des Mérina, *par Valérie* MARTIN 109
La pourriture sacrée des Otomi, *par Jacques* GALINIER ... 117

Les Andins croient-ils aux incubes ?, *par Valérie Robin* 125
La tradition en mouvement des Indiens Navajo, *par John R. Farella* 133
La mythologie politique des Kanak, *par Alban Bensa* 141
La pensée en réseau des Aborigènes, *par Barbara Glowczewski* 149
Alien, ou le retour d'un mythe polynésien, *par Marika Moisseeff* 157
Le cercle magique des Kantou, *par Yves Goudineau* 165
La fête des Mystères à Campobasso, *par Giordana Charuty* 173
L'aide humanitaire, ou les avatars du don, *par Henri Courau* 181

Postface – Si c'est un homme..., *par Marcel Conche* 187

Ce volume a été composé
par PCA - 44400 Rezé

Achevé d'imprimer en octobre 2008
sur les presses de la Nouvelle Imprimerie Laballery
58500 Clamecy
Dépôt légal : octobre 2008
Numéro d'impression : 809282

Imprimé en France

La Nouvelle Imprimerie Laballery est titulaire de la marque Imprim'Vert®